政协灌南县委员会 编

印记

灌南文史资料选辑

（2022）

图书在版编目(CIP)数据

印记:灌南文史资料选辑.2022 / 政协灌南县委员会编.—苏州:苏州大学出版社,2022.12
　　ISBN 978-7-5672-4129-9

Ⅰ.①印… Ⅱ.①政… Ⅲ.①文史资料—灌南县 Ⅳ.①K295.34

中国版本图书馆CIP数据核字(2022)第227812号

书　　名	印记——灌南文史资料选辑(2022) YINJI——GUANNAN WENSHI ZILIAO XUANJI(2022)
编　　者	政协灌南县委员会
责任编辑	杨　柳　刘荣珍
装帧设计	吴　钰
出版发行	苏州大学出版社(Soochow University Press)
社　　址	苏州市十梓街1号　邮编:215006
印　　装	苏州市深广印刷有限公司
网　　址	http://www.sudapress.com
邮购热线	0512-67480030
销售热线	0512-67481020
开　　本	718 mm×1 000 mm　1/16　印张:14.75　字数:212千
版　　次	2022年12月第1版
印　　次	2022年12月第1次印刷
书　　号	ISBN 978-7-5672-4129-9
定　　价	60.00元

凡购本社图书发现印装错误,请与本社联系调换。
服务热线:0512-67481020
苏州大学出版社邮箱　sdcbs@suda.edu.cn

编委会

主　任　廖朝兵
副主任　齐庆磊　王苏东　潘龙飞　韩亚平
　　　　　韦丹丹　尚金柱　卢凯富　孙　春
委　员　安学益　崔怀璧　翟　玲　孟祥伟
　　　　　朱海波　卜　海　华正梅　嵇怀成
　　　　　汤　敏　吕业茂　徐瑶瑶　高　菊
　　　　　张梦园　宋根东

编写组

组　长　翟　玲
成　员　成彦明　武红兵　嵇会成　晏　波
　　　　　李锦华　王开忠

序

2022年是党的二十大胜利召开之年,也是灌南县十一届政协的开局之年。存史、资政、团结、育人是人民政协的一项重要工作。灌南县政协坚持以习近平新时代中国特色社会主义思想为指导,踔厉奋发、笃行不怠、勤勉实干,在新一届任期内以年份为节点,启动实施了"印记——灌南文史资料选辑"主题编纂工程,目前2022年卷顺利出版,可喜可贺。

灌南,古称"海西",人文荟萃,源远流长。自汉武帝征和三年(公元前90年)置海西县,开启古朴华美的海西文化之旅,到今天生态宜居的水秀灌南,境域已有了2100多年的县级建制历史。

千古以来,这片土地上的先民创造了无比璀璨的人文历史。无论是东汉"尹湾汉简"上所记录的"海西县为东海郡第一大县",还是《元和郡县图志》上所刊载的地跨三县的硕濩湖,它们都是县境内著名的历史人文地望。《宋史·食货志》中记载的海州三大盐场之一的惠泽盐场、《金史》中记载的完渎(莞渎)巡检均在县境之中,可谓显赫一时。清康熙年间设立苇荡营、乾隆一朝建造滚水坝皆为县境重大的历史事件。1915年荣获莱比锡国际博览会银牌的汤沟酒、灌南红色地名及美味小鲌鱼等是一县特色品牌的人文记忆,是一部厚重的历史长卷,是一组和平岁月的幸福模样。

修史立典,以文化人。灌南县委、县政府历来高度重视全县的人文历史挖掘和整理工作,县新一届政协也紧紧围绕、主动策应全县文史工作的决策部署，汇集广大政协委员的智慧，凝聚社会各界人士的共识，以史为鉴，古为今用，既服务于全县的发展现状，又着眼于灌南的长远未来，发挥了文史工作的独特作用和价值。《印记——灌南文史资料选辑（2022）》一书分为"文史研究""史海钩沉""人物春秋""往事追忆""地名探究""风物掌故""谱牒序传""海西诗境"8个篇章，从不同视角阐述了全县厚重的人文历史和独特的地域风貌。尤为可贵的是，书中记载和收录了诸多新的历史观点、新的人文发现、新的县史人物……写得既生动、翔实、具体，又具有可读性、教育性和借鉴性，增添了地方文化的广度和厚度。

《灌河的历史演变及开发利用研究》一文凸显了我县的"灌河出海门户、东向开放窗口"的战略定位。《江苏灌南一带酒文化历史追溯》一文为汤沟厂镇融合战略规划梳理了历史的文脉和路径。《从新安镇的"牌"说起》一文用翔实的文字考证，将新安镇之名确立的时间提前了74年。《"渡江第一船"的百年辉煌》等文章揭开了波澜壮阔的革命长卷，为后人树立了一座座不朽的丰碑。《周老回乡》道出了周惠老人深厚的家乡情怀。《启功先生挥毫盛赞汤沟酒》让人感受到了一名书法大家对汤沟酒发自肺腑的礼赞。《费爱国院士的母校情》叙说了一位院士对母校的感恩情意。

一个个地名、一本本家谱、一所所学校、一座座村庄……一县之文史资料是一部永远也写不完的书，既体现了文化自信，也体现了历史自信，需要我们不断地挖掘、整理和提炼。《印记——灌南文史资料选辑（2022）》的编纂，不仅可以让我们回望来时的路，还像一盏盏历史明灯，照亮着我们不断前行的步履。希望情系灌南发展的社会各界友人和广大政协委员，认真阅读，攫取精华，感受海西文化的精深，激发奉献灌南的情怀，努力把思想和行动统一到全县的发展大业中来，同时也希望灌南县政协文史委员会今后要多领域、多渠道、多形式、多层次地征集文史资料，不断扩大社会征集面，建立好关于"三亲"资料的人才库和知识库，编纂出更有深

序

度、更为系统的文史资料，向社会提供更加充裕、更富营养的精神食粮，有力助推灌南经济社会的高质量发展。

是为序。

廖朝兵
2022 年 12 月

目录

文史研究

灌河的历史演变及开发利用研究 / 3
历史上的济南盐场 / 10
江苏灌南一带酒文化历史追溯 / 17
从新安镇的"牌"说起 / 24
灌南县陈庄《仪制令》碑考释 / 31

史海钩沉

探寻惠泽巡检司旧址 / 41
从"钱家集捐厘局"到"龙钱税所" / 46
清代盐河的滚水坝 / 49
李砚斋农民起义遗迹寻踪 / 55
"波特尼亚"号灌河口被劫案 / 58
"渡江第一船"的百年辉煌 / 61
智捉"毛人水怪" / 64

人物春秋

潮涌灌江浪淘沙 / 69
一个抗战老兵的革命情怀 / 73
走近"不降旱魔誓不休"的战斗英雄 / 77
为了不被遗忘的老兵 / 80
费爱国院士的母校情 / 84

往事追忆

周老回乡 / 91
大羽老师在汤沟 / 94
潘教授和汤沟太和春酒 / 97
启功先生挥毫盛赞汤沟酒 / 103
落日余晖忆颜小 / 106
村部变迁曲 / 109

目录

地名探究

灌南红色地名 / 115

大怀庄 / 125

奋二庄 / 128

硕　湖 / 132

万　圩 / 140

陈　庄 / 145

闸　北 / 148

小西湖的变迁 / 152

石头路的由来 / 157

灌河岸边"队"名的由来与演变 / 160

灌南带有"埝"的村庄名追溯 / 162

风物掌故

我家的春联 / 167

石敢当 / 170

薅　脸 / 173

记忆深处的老物件 / 175

灌河小鲹鱼 / 180

消逝的惠池塘 / 183

一条废河叹沧桑 / 185

谱牒序传

百姓人家谱牒　一方历史人文 / 191

《怀氏宗谱》序 / 194

《成氏宗谱》（敦伦堂）序 / 195

修续《相氏宗谱》序 / 197

沈云沛家族世系考源 / 198

续修《惠氏宗谱》序 / 205

海西诗境

辛酉除夕述怀 / 213

新安镇 / 214

晓发武障河偶成四韵 / 215

由板浦至新安镇道中书所见 / 216

夜泊义泽河下 / 217

夜泊龙沟 / 218

湖坊泛舟 / 219

喜曹西园归 / 220

编后记 / 221

文史研究

- 灌河的历史演变及开发利用研究
- 历史上的济南盐场
- 江苏灌南一带酒文化历史追溯
- 从新安镇的"牌"说起
- 灌南县陈庄《仪制令》碑考释

灌河的历史演变及开发利用研究

灌河的溯源

灌河是在古海湾潟湖冲积平原的基础上逐渐发育起来的，其形成过程与灌河流域海岸历史的演变相联系。

六七千年前最后一次海浸时，长江、淮河分别在今镇江市、淮安市以东不远处入海，淮河以北的沂、沭、泗水冲积平原还是一片汪洋的浅水海湾，今灌河干流当时正处于远古海湾之中。在以后的漫长岁月中，由于受到淮河携带的泥沙淤积的影响，淮河三角洲向外推进，响水、伊芦山、板浦一线的沿海沙坝封淤后，位于淮河以北的浅水海湾逐渐演变为古硕项湖和桑墟湖。

南宋建炎二年（1128年）黄河南迁夺泗夺淮入海时，灌河下游地域还没有出现。当时的海岸线大致稳定在板浦、响水口、云梯关、阜宁、盐城一线。此后汹涌咆哮的黄河从黄土高原携带大量的泥沙吐向淮河口外，海岸东徙，沧海变桑田。与此同时，沂、沭、泗水失去入海流路，遍地漫流，而且黄河大堤经常溃决，致使硕项湖常常洪水猛涨。洪水经硕项湖的排水孔道义泽河、龙沟河、武障河（古称"五丈河"）向东冲刷，由于水猛流急，逐渐形成灌河。在沂、沭、泗水冲积物及黄河泥沙的填积下，至17世纪80年代，硕项湖区大部分成为一片低洼的平原。河督靳辅开始丈田兴屯，康熙二十四年（1685年）开浚湖河，挑挖南六塘河、北六塘河，宣泄骆马湖水，穿盐河经武障河、龙沟河入海。因此，灌河的上游支流可上溯到骆马湖。

据有关史料记载，灌河在明代中叶以前开始形成。清光绪十二年（1886年）《阜宁县志》引述嘉庆十三年（1808年）尚书吴璥的一段提及"灌河"的奏文，内载：明代时黄河决口崔镇，清朝时溃决于茆良口，都从灌河入海。明河道总督潘季驯在万历七年（1579年）《河工告成疏》中称，数年以来，崔镇诸口决而黄水遂北。光绪元年（1875年），《安东县志》明确记载明代黄河溃决崔镇的时间，即万历三年（1575年），河决崔镇而北，淮决高家堰而东，漂没千里，漕艘梗滞。这说明灌河早在明万历三年前就形成了一定的规模。另据明万历年间编写的《宋氏族谱》记载，武障河、惠泽河西通官河，为灌河上游支流，形成于元代以前，照此推断，响水口以西的灌河也就可能形成于元代以前。清道光年间（1821—1850年），海岸线已东移百里，灌河入海口几乎达到开山岛。咸丰五年（1855年），黄河在铜瓦厢决口，北迁渤海入海，海滩即不再淤涨。后在强海浪和弱潮流的侵蚀作用下，海岸反而西退几千米，灌河河形即基本定型，入海口基本稳定，开山岛也随之离海岸渐远。

由于受黄、淮、沂、沭、泗水的冲击，中华人民共和国成立前，灌河流域素有"洪水走廊"之称。中华人民共和国成立后，党和政府带领灌河儿女大搞农田水利基本建设，新挑疏浚了许多灌河支流，理顺了灌河水系，形成了今日灌河之貌。

灌河的航运

灌河的航运条件十分优越。历史上的灌河曾几度繁华。灌河的存在尤其对包括淮盐地区在内的交通运输有着不可替代的作用。

据明隆庆《海州志》记载，莞渎河在永洋河东，其源西自官河，东北七十里入海，可行巨舟。官河是盐河的旧称，莞渎河为灌河上游支流，东通灌河入海。

清初，灌河下游两岸地区芦苇浩荡，清政府于康熙三十八年（1699年）设苇荡营樵采，官兵年采118万束[1]，由灌河运往南方各地，以备河工之用。灌河向南可通过太平河、民便河、一帆河等水路达淮河，向北可通过小潮河达五图河，向西经武障河、龙沟

---

[1] 古时，芦苇用"束"作为标准计量单位。

河、义泽河、莞渎河进入盐河,通大运河,东出黄海可与沿海各港口通航。清乾隆四十四年(1779年)《新安镇志》云,镇之水陆四冲,南达安东,西抵沭阳,北通伊浦,东通三岔口、响水口诸路。可见当时灌河航运四通八达。

黄河夺淮入海致淮南盐区损毁严重,于是,淮北盐场大规模兴起。为适应盐运的需要,灌河口航运变得十分繁荣。明洪武六年(1373年),位于古海州地区的莞渎、徐渎、板浦3个盐场,年产海盐约7.5万引[1]。随着海岸线逐步东移,济南盐场逐步崛起,成为"淮盐第一巨擘",而济南盐场主要分布在灌河口一带。大小运盐船只在灌河、盐河中往来穿梭,每天不下百只,每年运销海盐有数千万担之多。盐务鼎盛之际,沪、浙、闽、苏、鲁、皖等10多个省市的客商纷至沓来,多国的商船络绎不绝,就连著名的泰生、瑞祥、华生号大型货轮也都经常出入于此装卸货物。

进入21世纪,灌河作为江苏省内河干线航道网规划"两纵四横"的主通道之一,迎来了航运史上的大整治和大发展时期。2009年12月26日,位于灌南境内的盐河经灌河入海沟通工程——盐灌船闸正式建成通航。盐灌船闸沟通了苏、皖、豫三省经淮河、盐河、灌河入海的东西方向主通道,使得千吨级驳船可由灌河直通入海。2018年,连申线灌河航道治理工程基本完成。连申线是江苏省干线航道网的重要通道,北起连云港港,纵贯连云港、盐城、南通、苏州、上海,连接灌河、通榆河、盐河、京杭大运河和长江等。

灌河的治理与利用

历史上,由于上游沂、沭、泗水泛滥,灌河流域曾经饱受洪水肆虐。嘉庆十三年(1808年),著名水利学家郭大昌、知名学者包世臣曾乘舟从入海口溯灌河至徐州一带实地考察,探讨治水方略。近代以来,左宗棠、孙中山、张謇等先后提出导淮入灌的治水方案。

中华人民共和国成立后,灌河得到了一系列的治理。1949年

---

[1] 古时,盐的计量单位为"引",民国时期改为"担"。

冬，苏北区党委组织 50 多万名民工平地开挖新沂河，完成了导沂入灌工程。灌河流域河海泛滥的日子一去不复返。1968 年，灌河流域末节大型水利枢纽工程——盐东水利工程开始兴建，该工程具有防洪排涝、挡潮御卤、蓄水送水、交通航运等综合功能，控制范围西至宿迁中运河，南至废黄河，北至新沂河，承担了沂南地区沭阳、宿豫、泗阳、淮阴、涟水、灌南等三市六县 4160 平方千米涝水排泄及盐西 6 万多公顷农田的挡潮御卤任务，可拦蓄回归水供灌南、涟水、沭阳、灌云等县的 11 万公顷农田灌溉。

灌河的初步开发

灌河是条天然潮汐河流，是苏北唯一一条在干流上没有建闸的黄金入海通道。其独特的区位优势、良好的河道优势、丰富的淡水优势、天然的港口和岸线优势、广阔的腹地优势，使其具备了开发的良好基础条件。改革开放后，灌河的开发被逐步提上重要的议事日程。

灌河开发的第一次热潮是在 20 世纪 80 年代。1982 年起，全国政协专家组，交通部（今交通运输部）、中国地理研究所、华东师范大学、河海大学等派出专家对灌河进行考察论证，都对灌河开发价值给予了极高的评价。对灌河的开发与利用曾于 1986 年被列入国家"七五"规划，江苏省委九届二次会议和省八届人大四次会议也把灌河开发列入全省共同建设小康社会的规划中。但受种种因素影响，灌河开发的进程一直较为缓慢。

灌河开发的第二次热潮始于 2005 年。是年 11 月，江苏省委十届九次全会上通过的江苏省"十一五"规划建议提出，积极推进沿运河、灌河地区的合理开发和产业发展，完善全省的新型工业化布局，形成分工协作、各具特色的产业格局。2005 年 11 月 18 日至 20 日，江苏省苏北发展协调小组办公室和灌南县联合举办了首届"灌河发展论坛"。以中国工程院院士陈吉余教授为首的 20 多名国内知名专家、学者，省、市领导，以及灌河流域四市十县（区）数十名领导会聚灌南，纵论灌河发展，共商开发大计。从此，灌河开发步入了快车道。

自首届灌河发展论坛至今的十几年里,灌河沿线城市尤其是位于灌河口的灌南、灌云、响水三县掀起了大建设、大招商的开发热潮,于灌河两岸相继建成了5个园区。江苏灌河半岛临港产业区位于灌南县,沿着灌河北岸从东到西逐步形成港区—金属产业园—船舶工业园—物流产业园"一区三园"的产业布局。江苏连云港化工产业园于2006年5月经江苏省政府审批为苏北唯一省级化工园区,园区建成面积约9平方千米。位于灌云县的灌云临港产业区总体规划面积为116平方千米,重点发展港口物流、石油化工、装备制造、新材料、新能源等产业。位于响水县的响水生态化工园区土地总面积约为19.9平方千米。响水港区有500吨级至5万吨级各类码头33座,码头泊位37个,2021年全年完成港口货物吞吐量3010万吨。响水港现代物流园工程在建。灌河口已经造就千亿的年产值、20亿元的年入库税收,吸纳直接和间接就业人员十多万人。灌河两岸由完全的农业乡村变成了现代化的工业城镇,随着二、三产业的快速发展,灌河儿女逐步摆脱贫困,步入小康。

在灌河口园区的早期建设过程中,由于采取了粗放式的发展方式,规划和建设标准较低,尤其是化工产业,因其普遍是"小化工",不可避免地对区域内的生态环境造成了一定的影响。随着国家对生态环境保护的愈加重视,江苏省全面打响污染防治攻坚战。灌河口化工园区正坚决执行中央及省委部署,积极做好园区整治提升和不合规企业的关停工作。

灌河开发与国家战略

(一)融入"一带一路"倡议

自习近平总书记提出"一带一路"倡议以来,连云港先后被国家确定为新亚欧大陆桥经济走廊节点城市、中哈物流中转基地和上合组织出海基地,被江苏省明确为"一带一路"交会点建设的核心区和先导区。2017年,江苏省委、省政府明确了连云港作为"一带一路"倡议支点的定位,为连云港推进"一带一路"建设指明了方向和路径。早在2005年,连云港市委、市政府就把灌河流域的开发纳入连云港港口"一体两翼"的滨海经济圈规划，把灌河作为连云港南翼部分加以开发建设。徐圩新区，作为国家东中西区域合作示范区的先导区，根据国家和江苏省委的部署，重点布局发展临港大工业。灌河口化工园区则全力推进园区整治及安全生产工作，坚决关停不达标企业，提升化工园区准入门槛，重点发展"大化工"和重化工，力争成为徐圩新区的南部拓展区，完全融入徐圩新区临港大工业的产业布局，从更高层面提高整治和建设标准。

（二）融入大运河文化带建设

大运河贯穿古今、连通南北、跨越江河，是活化的历史文化遗产，传承着中华民族的悠久历史和文明。灌河与大运河一样，见证了沿线地区生产和生活方式的变迁，被誉为"苏北黄浦江"，亦是一部书写在苏北大地上的壮丽诗篇。

灌河文化与大运河文化一样具有包容性和统一性。大运河使各个区域的文化融合为中华民族的多元一体的大一统文化，加强了中国传统思想文化发源地齐鲁地区与中原地区、江南地区的文化交融，弱化了区域文化的差异，使其呈现出共同的文化特征。灌河流域古属海西，也因文化融合而兴，东夷文化、中原文化、江南文化在这里聚合发散。灌河文化曾与中原文化、江南文化有过多次碰撞，中原文化赋予灌河文化以彪悍与坚韧，江南文化则为灌河文化注入了睿智和灵秀。

盐区河运给灌河和大运河注入了盐文化和海洋文化元素。自唐代以来，国家财政对盐税的依赖很大，而"天下盐赋，两淮居半"。盐作为古时的大宗商品，主要依靠河流进行长途运输。大运河便是古代盐运的主要通道。灌河地区沿海滩涂上有丰饶的草木、连片的泥滩、充足的日照，正是煮盐、晒盐最理想的场所。为周济淮南地区盐业销售，清末民初，济南盐场建成大德、大阜、大有晋、大源、裕通、庆日新、公济七大制盐公司，仅堆沟就有大德、大阜、大有晋三大公司。为加强沿海盐务的税务督察，国民政府还在堆沟设立了济南盐场公署税务稽核所。淮北的盐经灌河、盐河运至淮安，进入京杭大运河，运往安徽、河南、江西、湖南、湖北等销售口岸。灌河口盐业及相关产业的发展，形成了独特的盐业生产文化和盐民生活文化。

大运河江苏段是江苏省内河干线航道网规划"两纵四横"的基础。而灌河是大运河网络的重要组成部分。自古以来，灌河就通过盐河与大运河相通相连。如今，随着盐灌船闸、连申线灌河整治工程、宿连航道工程的相继建设，灌河与大运河的联系将更加紧密。大运河江苏段沿线有微山湖、骆马湖、洪泽湖、高邮湖、太湖等众多湖泊，通过对各支流的开挖、疏通和航道的治理，大运河的线状功能扩大为网状功能，把江苏的大小水体及城乡聚落编织成网络体系，而今江苏没有一座城市与运河没有关联。因此，灌河沿岸城市应主动融入大运河文化带建设，积极围绕大运河文化带，从航运交通、文化交流、生态保护、经济发展、城镇建设、非遗传承等多方面加强沟通联络，共同利用灌河资源，挖掘灌河开发潜力，构建多元发展的命运共同体。

参考文献：

1. 成彦明：《灌河史话》，江苏人民出版社，2005。
2. 陆静林：《苏北灌河的开发和利用》，《中国港口》2000年第5期。
3. 李广军：《加快灌河水运发展，助推江苏两个率先实现》，《华东科技》2014年第4期。
4. 灌河开发课题组：《灌河开发设想》，《江苏社会科学》1991年第5期。
5. 马健、周静文：《专家纵论高起点开发"苏北黄浦江"》，《新华日报》2015年11月21日。

（徐茂干）

历史上的济南盐场

济南盐场,并非山东省济南市所属盐场,而是江苏省淮北盐区灌河两岸的灌东盐场与灌西盐场共同使用的历史称谓。济南盐场因经营管理采用资本主义模式,故其具有与最古老而又传统的两淮(淮南、淮北)盐区的其他盐场乃至全国各盐区盐场不同的特点。

建场的时空背景

江苏沿海、淮河南北两岸的海盐业历史悠久,史称南岸盐区为淮南盐区,北岸盐区为淮北盐区,合称"两淮盐区",所产海盐称"淮盐"。

古老的淮盐勃兴于汉、唐,发展于宋、元,明朝至清乾隆中期达到鼎盛。据《明史·食货志》《古今鹾略》《淮鹾备要》和嘉靖《两淮盐法志》载,明世宗嘉靖年间(1522—1566年),两淮每年产正额盐70.52万引、余盐300万引,合7.41亿斤。顺治元年(1644年),两淮盐税收入占全国总盐税的62%;康熙、雍正、乾隆时,淮盐岁课70.518万引,征银60万两。嘉庆《两淮盐法志》称:盐课居赋税之半,两淮盐课又居天下之半。据《中国盐业史》载,清乾隆、嘉庆、道光三朝,淮盐最高产量达8亿斤,约占全国盐产量的三分之一。

因腐朽落后的封建主义生产关系的严重束缚,庞大臃肿、运转不灵的盐务官僚机构的营私舞弊,以及帝王乐用淮盐报效捐输侵蚀淮盐商本,各级官吏百般盘剥,加之淮盐税赋特别沉重,道光朝后期,淮盐开始走向衰落。客观上看,嘉庆朝后期,由于海岸线变迁,淮南盐区卤气趋淡,盐产量逐年大减。至宣统年间(1909—1911年),淮南盐总产额已不足10万吨,衰亡已成定局。两淮盐税攸关朝廷财收。淮南盐产量剧滑、盐税锐减,晚清满朝皆惊。晚清朝廷及后来的民国政府,都有用淮盐之利来偿还《马关条约》《辛丑条约》等被列强勒索的"洋债"、巩固统治政权的主观愿望和客观需求,如何阻止淮盐衰落,确保朝廷金库盐利不乏,以维持动荡飘摇的王朝,成为晚清统治者必须认真面对的问题。

长于史志的晚清人王定安(1833—1898年)在主编的《重修两淮盐法志》中说,盐为海滨自然之利,而产收丰歉则视乎天时,阴雨风潮皆足致患,故淮南容有缺乏之候,往往借运于淮北,以彼所余济此不足。该志的记载说明,至少在淮盐鼎盛发展的乾隆朝时,就已发生借淮北盐销于淮南盐销区的事实。该志中记载了乾隆十六年(1751年)、三十三年(1768年)、五十年(1785年)、五十一年(1786年),朝廷四次安排淮北盐区海盐济销淮南盐销区。其后道光十五年(1835年)、同治四年(1865年),都曾发生过淮北盐接济淮南盐销区的情形。

这一回,晚清朝廷不再只是考虑借运淮北盐销往淮南盐引地,因为借运只是调剂余缺的权宜之计,并非盐量的增加,而是从长计议,着实扩大淮盐的生产。尤其是淮北盐区,其利用太阳光能和风能晒法产制食盐,成本低、获利厚、盐色盐味最佳,必须尽早扩产,才能应付巨额外债和人户日繁相应而来的民食剧增及庞大的军费开支。

清末民初济南场建竣

面对淮南盐区衰亡可能使两淮盐陷于重创之危局,身为晚清两江总督兼理两淮盐政的大臣端方(1861—1911年),当然更关注淮南之产缺如何在淮北得以补偿。经反复查考后,端方向皇帝呈奏:其时江苏沿海古海州境(今连云港市)从埒子口向东南尚有很长海岸线未经开发,可以仿效淮北盐区现有池滩模式开发大量产盐池滩,以其产量弥补淮南盐产之减数。清光绪三十三年(1907年),朝廷同意拨借库款,在海州丰乐镇西(今连云港市灌云县境内)和五图河东一带的海滩上,铺设产盐池滩40份,因接济淮南销售,是故取名为"济南场",设场治于海州板浦镇(今海州区板浦镇)。

光绪三十四年（1908年），海州州丞汪鲁门和淮南盐商叶瀚甫等集资42万吊，在埒子口以东建圩18条，铺滩168份，定名为同德昌制盐公司。清宣统元年（1909年），有"海内盐务名宿"美誉的张謇，以通海垦牧公司的名义发起集资30万吊，委托为其打理通如食盐（牌号"大咸"）业务的徐静仁，亦在淮北埒子口东建圩10条，铺滩80份，名大阜制盐公司。1912年，做过淮南盐场大使后升任两淮盐运使幕僚、熟悉盐政法例的陆费垓，应官方集资于淮北建圩铺滩号召，联合淮南盐商周扶九、萧云浦、任周及萧合办钱庄经理毕儒臣，先后集资50万吊，在灌河入海口靠近燕尾港处，建圩24条，铺滩192份，成立了公济制盐公司。同年，徐静仁等又投资30万吊，在紧邻大阜和公济制盐公司之间的荒地上建圩6条，铺滩40份，名大有晋制盐公司。1914年，已任北洋政府农商总长的张謇与徐静仁仍看中灌河两岸黄海滩涂是个铺滩产盐的好地方，又续投15万吊，在灌河东为大有晋制盐公司再建圩6条，铺滩40份。同年，黄伯雨、李梅隐投资120万吊，在灌河西岸建圩4条，铺滩32份（于1933年转让给同德昌制盐公司，如此同德昌制盐公司名

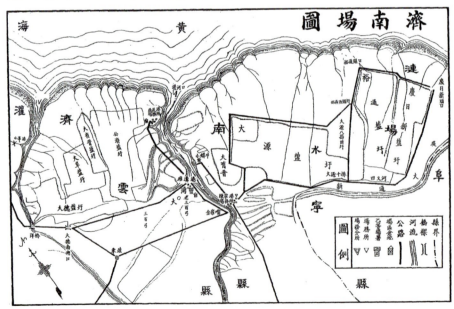

济南场七家公司分布示意图

下有盐圩22条，该公司后改名为大德制盐公司）；在灌河东岸建圩40条，铺滩320份，成立大源制盐公司。吴沛生、陈向辰投资48万吊，挨着大源制盐公司建圩20条，铺滩160份，成立裕通制盐公司；朱幼鸿投资50万吊，又挨着裕通制盐公司建圩20条，铺滩160份，成立庆日新制盐公司。延至此时，济南场七家公司全部建立。

端方最初集资所建的海州丰乐镇西40份产盐池滩，终不敌海水侵灌，不久后便损毁。后来于清末建成的同德昌、大阜两家制盐公司，以及民初建成的大有晋、公济、大源、裕通、庆日新五家制盐公司，共七家公司，统称为"济南场"。济南场七家公司共投资385万吊建成的盐滩，后定型的共有145条圩子、1160份晒盐池滩，分布在黄海边60千米长的海岸线上，占地面积297.84平方千米，场署原设在灌云县板浦镇，后迁到涟水县陈家港（今属响水县）。当时淮北盐区板浦、中正、临兴三场池滩共1954份，济南场建成后，淮北晒盐池滩共达3114份。济南场的建成，为淮北盐区最终成为两淮盐区主体奠定了坚实的基础。

建坨与海运开两淮先河

根据民国盐务署的安排，济南场盐斤都由七家公司自己负责运到仪征盐浦销售。后因通往仪征盐浦的河道日渐淤塞，河运日渐艰难，七家公司便着手用轮船进行海河并运，其码头有燕尾港、陈家港、堆沟港三处。

1916年，公济制盐公司在燕尾港建筑盐坨2880平方米，堆廪36条，可储盐5万吨，同时花费8万元在海边建成一木质码头，以停靠海轮，还备小型机船一只，专为大轮船进出港领航。1919年，公济制盐公司购置一艘2000吨级轮船，运输本公司盐斤。到1929年11月，公济制盐公司又对原码头进行改造，改木质一字型码头为钢筋混凝土结构的"T"型码头，可泊3000吨海轮，使燕尾港最早成为淮北盐区盐斤海河联运集散地和出口口岸。1918年，大源制盐公司在陈家港投资3.4万元自建码头，使本公司盐斤全部实现海运。1919年，大德、大阜、大有晋三家制盐公司合资3.8万元，在灌河口北岸的堆沟港建成3000吨级德阜晋运盐码头，桥梁主体为钢筋混凝土结构，附设可堆存5000吨盐斤的坨地，并置铁轨车从坨地载盐包上码头装船，成为当时盐区首创。1918年，裕通、庆日新两家制盐公司集资3.9万元在陈家港建成裕庆码头，同步附建了盐坨。至此，济南盐场七家制盐公司均有了独资或集资建成的运盐码头。直到1934年，两淮盐区的其他盐场才全部改海运和溯江运输为轮运。

1929年，国民政府安排淮北盐区提供建设官方盐坨资金100万元，从板浦、中正、临兴、济南四场的盐价中，以建坨费的名义征收。因济南场产量大，所安排建坨规模大于其他场。码头和坨地建设及轮船购置，都为济南场盐斤运往销区提供了更加快捷的硬件保障。这些码头和坨地，有的一直被修缮、改造、扩展，延续使用。

济南场不仅建坨与海运开两淮盐区先河，在盐品开发、发电厂和面粉厂的建设上，以及引进先进生产机械等项目上，均领先于其他盐场。1912年，公济制盐公司在燕尾港成立了"乐群"牙盐公司，生产精盐，比范旭东在板浦场创办久大精盐公司还要早两年。同年，公济制盐公司在燕尾港建立了小型发电厂、面粉厂。很可惜，济南场盐商所办的精盐公司、发电厂、面粉厂，都没能与盐业生产同样地发展起来，在历史的长河中，悄无声息地消失了。

新型生产关系刺激了济南场的生产和销售

济南场仿效资本主义企业管理方式，七家制盐公司都实行股份制投资、分红办法，有比较完善的公司章程，还建立了董事会、监事会。董事会设董事长、常务董事，监事会设主席、监事。由董事会推举总经理或经理，定期召开董事会、监事会和股东会。对灶民（历史上对两淮产盐人的称呼）实行以按产盐灶丁人数发放灶粮制为基础，加以按产量发放担头费的分配方法，其经营机制完全不同于，甚至可以说先进于两淮盐区盐场乃至全国各盐区盐场，其创新带来了巨大收益。有资料载，济南场全部建成投产后，前十年，年产海盐400—600万担，平均不低于450万担，以一场之产超过淮南盐区总产量，占全国盐产一成。1931年8月，大源、裕通、庆日新三家公司集资30万元，从美国引进动力机械，在陈家港成立源裕庆吸水机厂，率先采用吸水机纳取海水，远比自然纳潮生产效率更高。《淮盐纪要》统计，1922—1926年，淮北板浦、中正、临兴、济南四场五年总产782.79万担，占两淮总产881.64万担的88.79%。而济南场为441.4万担，占淮北总产的56.39%。据出版于1948年的《淮北盐务纪要》等统计，1924—1947年，济南场共产海盐322.35万吨（缺少1937年、1938年的数据）。可惜的是，在日寇统治淮北盐区的七年中，济南场与淮北其他各场一样，产量仅达半数。1949年后，济南场虽经建制调整，分分合合，但原济南场范围所产海盐仍不失为两淮盐区之最。据灌东盐场与灌西盐场场志所载，1949—2003年，两场共产海盐2389.77万吨，且长期保有色白、粒大、味鲜之品位，多次获得"省优""部优"产品称号。

民国时期，济南场的强大生产力和高额产能提振了两淮声威和商、灶士气，也给国民政府打了气、壮了胆，对政府的盐务政策产生了积极的影响。1914年2月，民国政府盐务署令提出，鉴于淮南盐区产能下降和成本居高不下，其产额年递减二成，五年减尽、终产，其销区皖、湘、鄂、西四省先由淮北盐区参与销售，逐步过渡到以淮北盐区、重点是济南盐场为主。淮南食岸（江宁、扬州、通州、淮安、阜宁、盐城）所需之盐，亦由济南场与板浦、中正、临兴三场按7∶2比例配销。因济南场盐产长期持高，后又几经盐务署安排接济淮南之销，发展到几乎尽夺淮南销区而代之。解放战争期间，我军从堆沟港、陈家港、燕尾港抢运济南场盐4万吨左右，以济解放区财政之困，打破了国民党顽固派对解放区的经济封锁，有力地支援了解放战争。

与革命战争有关联的几个史实

老灶民为新四军铺滩产盐。1939年，特大海啸袭击了淮北盐区，淹死济南场灶民1600余人，灶房大多倒塌，存盐全部淌化，晒盐池滩尽毁，此后爆发的霍乱又使300余名灶民死亡。幸存的济

南场灶民失家失业，无以为生，大多举家外逃，据统计有3000余人逃到了新四军控制的苏中解放区。1940年，新四军和苏中抗日民主政府为安置逃亡来此的难民，也为了解决军需民食，利用阜宁北部海滩，在难民中济南场产盐人的帮助下，筑圩铺滩晒制海盐。这一地域的盐滩后来发展成为江苏"八大盐场"之一的新滩盐场。

风云变幻的盐场。抗战期间，新四军为了阻止日寇掠夺济南场，筹措抗日资金，于1943年5月一举收复被日顽统治的陈家港。此次战斗，除俘获顽伪大队长以下官兵435人、缴获大量轻重武器等军用物资外，还缴获被顽伪控制的济南场存坨待运盐斤48万担。济南场产盐量为两淮之冠，所以解放战争时期济南场亦成为国共两党争夺的焦点。1951年10月，经华北军政委员会和苏北行政公署批准，在陈家港建立了淮北盐场人民烈士纪念塔。长眠于此的43位革命烈士，其中大多是在解放战争时期光荣牺牲的。

参考文献：

1. 栾成显：《赋役黄册与明代等级身份》，《中国社会科学院研究生院学报》2007年第1期。

2. 赵赟：《近代苏北沿海灶民群体研究》，《盐业史研究》2008年第3期。

3. 政协江苏省连云港市委员会文史资料研究委员会编《连云港市文史资料：第4辑》，内部发行，1986。

（胡可明）

文史研究

江苏灌南一带酒文化历史追溯

灌南县是江苏著名的酒乡，"南国汤沟酒，开坛十里香"的广告闻名遐迩。追溯县域悠久的历史，酒文化源远流长。

酒是伴随农耕文明而产生的。灌南及周边地区的考古发掘证实，早在新石器时代，在古硕项湖岸边，在灌南境内就有人类从事农业生产和渔业活动。夏、商、西周时期，东夷人及后来发展成为东夷人一支的淮夷人在县境活动。早期的东夷人就在原始农业的基础上，兴起了家禽饲养业和酿酒业。这便是灌南境域酒文化的源头。《后汉书·东夷列传》载：东夷率皆土著，喜饮酒歌舞，或冠弁衣锦，器用俎豆。

春秋战国时期，县境曾属鲁国，后归楚国；秦置朐县，境域属朐地。这一历史时期，酒文化一直与农耕文化相伴随。

两汉时期是中国历史上酒文化的兴盛时期。灌南境域的酒文化便是一个很好的例证。

西汉初，现灌南境域属楚王韩信的封地。韩信被杀后，汉高祖封弟刘交为楚王，现灌南境域仍属楚地。汉景帝时，吴、楚因作乱，导致其王国被除。西汉太初四年（公元前101年），汉武帝又置海西侯国，为贰师将军李广利的封地。征和三年（公元前90年），李广利兵败降匈奴。海西侯国改置海西县，这便是灌南境域建县的最早历史记录。东汉时，海西县已经成为东海郡中三十八个邑、县、侯国中的第一大县，有吏员县令、县丞、县尉至亭长等大小官员百余人。汉代的官场酒风盛行，海西官员也不例外。曾为海西人酸枣令刘熊写过诗碑的著名文学家蔡邕，他的《与袁公书》中"朝夕游谈，从学宴饮，酌清醴、燔干鱼，欣欣焉，乐在其间矣"的清雅场景，是当时饮酒之风的真实反映。

1978年7月，连云港地区出土汉简30片，在可辨认的13片汉简中，就有醉酒触法和卖酒违法的记载，这侧面说明当时酿酒业普遍。

灌南县博物馆内陈列着境内出土的两件精美的汉代酒器。一件是"铜锺"，直径19厘米，高31厘米。此件铜器造型完整，规格高，专家认为，其可能是大户人家或官府祭祀用的酒器。在古代，酒有祭祀的功能，直到今天，人们在祭祖扫墓的时候，还会在先人墓前摆上酒器、果馔，用酒祭奠。这样高规格的"铜锺"酒器，一般只有达官贵族才能享用，它不仅反映出主人身份的高贵，也反映了酒的尊贵。试想，在精美的"铜锺"里，装满醇厚香浓的美酒，毕恭毕敬地请神灵或先祖饮用，祈求保佑平安、吉祥、长寿，这显得多么神圣和庄严。另一件是青釉陶瓿，直径38厘米，高30厘米，双耳饰兽面纹，也是非常精美的盛酒器。陶器虽已走入寻常百姓家，然这样大的盛酒陶器也不普通。可以想象，汉代人席地而坐，中间放个陶瓿，陶瓿中盛满美酒，酒中放入勺子，每人面前放着酒樽，一边畅饮一边不停地舀酒，真是其乐融融。酒酣处还会唱歌伴舞、猜拳行令，直至酩酊尽兴。

总之，有关饮酒文字记载和酒具的出土，足以说明酒已经成为汉代海西人生活的一项重要内容。

汉晋之际，酒不仅成为人们娱乐的内容，而且融入岁时习俗，被赋予礼仪文化的内涵。

南朝梁宗懔的《荆楚岁时记》记载了晋海西令与议郎董勋（东汉人，仕魏，魏亡后仕晋，任仪郎）关于饮酒礼节的一段对话。海西令问董勋，正月初一饮屠苏酒习俗，年少者先饮，年长者后饮，这是为什么呢？因为按照常理，年长为尊，岁数大的应该先饮，岁数小的应该在后，海西令不解。董勋告诉他，过新年了，年少者增加了一岁，所以先喝，老者减少了一岁，所以后喝。他们的对话，反映了饮酒已经与岁时习俗融合。这一酒礼还表明当时人们对生命的敬畏和关怀。饮酒不仅有尊卑，而且充满着人本精神。1700多年前的地方县令，关于酒文化的对话，让生动的故事留在历史典籍中。足见灌南酒文化的源远流长。

汉晋之后，文人墨客对灌南境内及周边的酒文化多有提及。

唐代，县境属朐山县，隶属河南道之海州。边塞诗人高适曾来涟水和灌南境域一带，写下《涟上题樊氏水亭》一诗，诗中有"亭上酒初熟，厨中鱼每鲜""煮盐沧海曲，种稻长淮边"的著名诗句，生动描绘了一幅酒乡画面。诗中所描绘的"煮盐沧海曲"的盐场，即涟水的海口场，该盐场的场域包括今天灌南百禄镇、新集镇一带。灌南县博物馆陈列的一件从百禄镇出土的唐宋时期的巨大的盐锹，就是当时海口场盐业兴盛的证明。正因为种稻和煮盐，才有"酒初熟""鱼每鲜"这样生活富足的场景。

北宋熙宁七年（1074年），苏轼由杭州调任密州前，特地造访海州。他从杭州出发，沿运河过镇江，到淮安，经过涟水，再到海州。灌南境内的盐河是其必经之路。

据说，苏轼来海州的目的是凭吊文学家、书法家石曼卿。曾担任过沭阳县主簿的沈括在《梦溪笔谈》中记载了石曼卿戒酒而卒的故事。石曼卿曾任海州通判，十分嗜酒，且饮酒方式怪僻，故被称为"酒怪"。他与客人饮酒，有时披头散发赤着脚，自戴枷锁就座，人们称之为"囚饮"；有时爬到树梢上喝酒，人们称之为"巢饮"；有时用禾秸把身子捆起来，伸出头喝酒，喝完一杯再把头缩回去，人们称之为"鳖饮"。一次，他的好友刘潜去拜访他，石曼卿在船上设宴招待。喝至半夜，坛中酒快要喝光了，石曼卿便将船中放置的一斗多的醋倒入酒坛中，一并饮了起来。到天亮时，酒和醋都喝了个光。石曼卿嗜酒放荡，但结交的绝不是酒肉朋友，而是文人知己。石曼卿有才学，崇尚气节，宋仁宗爱惜他的才华，曾对身边的大臣说，希望石曼卿戒酒。他听皇帝这么一说，便下决心不再饮酒，谁知竟因此成疾而卒。石曼卿任海州通判期间，是否到过灌南境域，已无据可考，但石曼卿的"酒怪"故事传播至周边，被沈括记载了下来。石曼卿死后多年，依然有许多文友怀念他，撰文纪念他，欧阳修就写过《祭石曼卿文》。苏轼对石曼卿也十分崇拜，为此，他来海州，寻其旧迹，表达追思之情。

到了海州，苏轼在陈知州的陪同下，登上当年石曼卿所建的景疏楼。陈知州设宴款待。席间,苏轼忆起不久前离任的好友海州知州孙巨源,想象孙巨源也曾在此楼宴请客人,遂作《永遇乐·长忆别时》词,描述"美酒清歌"的情景:"长忆别时,景疏楼上,明月如水。美酒清歌,留连不住,月随人千里。别来三度,孤光又满,冷落共谁同醉?卷珠帘,凄然顾影,共伊到明无寐。"

后来,苏轼在涟水所作《蝶恋花·过涟水军赠赵晦之》词,也是一篇酒文化佳作。

> 自古涟漪佳绝地。绕郭荷花,欲把吴兴比。倦客尘埃何处洗,真君堂下寒泉水。
>
> 左海门前酤酒市。夜半潮来,月下孤舟起。倾盖相逢拼一醉,双凫飞去人千里。

"苏门四学士"之一的著名诗人张耒,曾多次来往于涟水与海州之间,写下了《海州道中》(二首),描绘了盐河两岸的秋色景象,并有《将至海州明山有作》一诗,留下"旗影远摇沽酒市,棹歌归去隔村船"的诗句。

值得注意的是,苏轼写了涟水的"酒市",张耒写了海州的"酒市",正说明当时此地酒风兴盛。两位文学家虽然没有在灌南境域留下酒文化诗篇,但从他们涉及涟水和海州的酒文化诗作中,侧面反映出当时灌南境域的酒文化状况。

明代,灌南境域北部属海州,南部属安东县(今涟水),均隶属淮安府管辖。明代文学家吴承恩,祖籍就在今灌南境内,他常常往来于今淮安、灌南、海州之间,因此,取得雅号"淮海浪士",晚年放浪诗酒。他曾经为今天灌南境内的刘园村的刘氏先祖刘承业撰写了《刘居士夫妇合葬墓志铭》,描述了刘承业的豪爽、侠义、仁心,也写了刘承业早年喜欢豪饮。该墓志铭石碑现存于灌南县博物馆。铭文中写道:其在京师,从诸侠徒欢,驰骋声酒,役役无宁。时久之,亦厌,遂命驾遽归。文中尤其提及"乡饮"大宴,"关东既名显一邑,前后令尹多贤之,遇乡饮,欲举为宾。四命四不赴。例给以冠带,亦固辞谢焉"。关东,即刘承业,雅号"关东居士"。从文中可见,明代乡饮宴会很隆重,这无疑对民间的酒风产生了广泛的影响。

乡饮酒礼起源于周代,后来儒家注入教化内容,历代王朝都十分重视,各级官府都作为尊贤敬老、推行教化工作的一项重要内容。

余光祖在《安东县志》中也专门介绍了安东乡饮礼,"按《礼记》云,宾主象征天地也,介僎象征阴阳也,三宾象征三光也,……四面之坐象征四时也。饮食之事与天地通,可不谓重乎"。可见,乡饮礼蕴含着中国传统文化中"天人合一""阴阳相生"的思想,不可不慎重。"每年正月十五日、十月朔日,于明伦堂行礼。"参加者都是当地官员、社会贤达,有点类似于今天各级政府举办的团拜会。刘居士因为在地方有威望,官府才邀请他为乡饮嘉宾。当然,乡饮与今天的团拜会是有很大区别的,乡饮是一种礼制、一种教化,一般在学府举行,不是简单的酒宴,还要读律、读诰、歌诗,还有宾客对拜等礼节。随着清朝的衰落,乡饮逐渐式微,以至于现代人很少知道乡饮盛会。

明代还有一些文人写到灌南境域的酒文化,如诗人方承训游硕项湖,有"清风落日帆丛游,月明渔舟酒与谋""取鱼击棹歌春幽,罾虾泛杯醉素秋"(《涟湖歌送宗弟之安东》)的诗句,湖光水色,渔舟唱晚,鱼虾满舱,击棹放歌,把酒临风,喜气洋洋,令人醉倒在秋天的湖畔美景中。

清代沿袭明制,县境北部仍属海州,南部属淮安府之安东县。清乾隆时贡生周崇勋曾作《莞渎杂咏》(四首),其中,第四首写道:"就船沽酒薄,举网得鱼鲜。令节当秋夜,孤身到海天。芦花千顷白,明月十分圆。放眼无人境,风光此地偏。"莞渎,在灌南境域的东部,虽然地处偏僻海边,但酒依然是渔民生活的重要组成部分。

清代,随着北六塘河、柴米河的开挖,汤家沟集兴起,酿酒业更为兴旺。该地百姓传承古代酿酒工艺,使得灌南境域酒文化得以进一步发展。

民国初年，汤沟酒已经远近闻名。1915年，"玉生糟坊"的汤沟大曲酒参展莱比锡国际博览会，获得银质奖。1924年，"玉生糟坊"更名为"义源永记酒厂"，汤沟酒从此以企业形态加入振兴民族工业的行列。

中华人民共和国成立后，汤沟酒厂成立，汤沟酒成为江苏"四大名酒"之一，多次获得国际奖项和国家级金、银质奖。汤沟酒酿造技艺被江苏省人民政府列为江苏省非物质文化遗产，汤沟白酒被国家质量检验检疫总局（今国家市场监督管理总局）认定为国家地理标志保护产品，汤沟两相和酒业被商务部认定为"中华老字号"企业。

汤沟酒销到哪里，灌南酒文化就被带到哪里。众多国内外嘉宾喝了汤沟酒，都盛赞酒的品质。1985年，著名诗人、书法家启功先生在北京参加汤沟酒会，即兴赋诗两首，酒席开始便脱口而出"嘉宾未饮已醺醺，况复天浆出灌南。今夕老饕欣一饱，不徒过瘾且疗馋"。启功先生自嘲"老饕"，将汤沟酒喻为"天浆"。酒兴时，启功先生又题诗一首，他一边写，一边念道："一啜汤沟酿，千秋骨尚香。遥知东海客，日夜醉斯乡。""千秋骨尚香""日夜醉斯乡"，这是启功先生的感受，更体现了汤沟酒的醇香。启功先生生平喜欢饮酒，他虽品尝过众多美酒，但对汤沟酒情有独钟，如此赞誉，实属至情。

2004年9月，汤沟酒业进行了产权制度改革，成立"江苏汤沟两相和酒业有限公司"，力推"和"文化，生产汤沟"两相和"系列酒。公司以"中国白酒守艺人"为使命，守住中国白酒的传统工艺，守住中国的传统酒文化，又推出"汤沟窖藏""汤沟世藏""汤沟国藏"系列。古窖古藏，蕴含着古韵古意，也寄寓世运国运吉祥平安，地久天长。

如今，酒文化已经渗透到灌南人生活的方方面面，酒礼酒俗成为灌南传统文化的一个重要组成部分。新时代，灌南县委、县政府正以一种责任、一种担当、一份情怀，传承和发展以汤沟酒为载体的光辉灿烂的酒文化。

写到这里,我的脑海里逐渐形成几行韵句,还隐约飘着酒香,便以此作为本文结尾:

> 江苏汤沟酒,名扬四海邦。
> 酒韵两千年,开坛十里香。
> 工艺老五甑,酿秫古窖藏。
> 古今同一脉,海西永流芳。

(成彦明)

从新安镇的"牌"说起

在今天的新安镇老街中，还有数十条旧胡同，狭窄、弯曲，小楼与矮房夹杂其间，犹如一片蛛网，看似无序，然而几乎巷巷连通，青砖小路与喧嚣大街不经意间就相接……我曾无数次来此寻觅古意，唯有四、五"排"巷和马桥巷的交界处，还残留着点点江南古镇的味儿。

今天不为探讨盐河畔新安镇的古韵，单说一个事，新安镇户牌上这一个"排"字从何而来，为何人们一直争论不休？

一

还是先从新安镇的创立这个老掉牙的故事说起。

据乾隆年间新安镇人冯仁宏的《新安镇志》记载，大明嘉靖年间，苏州阊门的周姓、无锡的惠姓，以及刘、管、段、金等姓人家被皇帝下旨"赶散"，来到了朐南的芦苇荒所，插草为标，占为民地，以作避兵之计，后来渐渐人烟稠密，于是讼请州牧，纳入版图，成为里人。

那时，这一处朐南之地紧临广袤的硕项湖（也称"大湖"），大湖的渔业资源十分丰富，又有官河连通海州诸盐场，于是吸引了大量徽商来此贩卖鱼盐。徽商中有一个叫程鹏的庠生，以他为首，徽商们用重金向里人购买了土地。里人也以鱼虾来交易米、酒等物，后来双方商议，共立一集镇，叫"悦来集"。

隆庆六年（1572年），徽商立街立市，取名"新安镇"，因徽州古属新安郡，以此表示其不忘故里。万历二十四年（1596年），镇势成立，然而里人和徽商为镇名打了四十年官司，崇祯九年（1636年），由州牧陈维恭定案，定名"新安镇"，始分八牌五庄。

二

其实，上文关于新安镇之名这一说法并非史实，大约是当年新安镇坊间的一种传说吧。清时文人冯海公将其写入薄薄的私家志书中，是为增加文趣，还是已经考证呢？已经无从知晓。之后，由于人们的不察、不考，今人又以前人旧志为凭，将其写入新书中，以至讹传如真，无人质疑、更正。

今考如下：

《新安镇志》载：逮至崇祯九年（1636年）陈维恭定案，命名"新安镇"。

隆庆《海州志》载：新安镇，去张家店镇三十里，与安东界。

隆庆《海州志》为现存海州志中最早的一部地方志。实在是巧合，这一州志始修于明嘉靖元年（1522年），直至隆庆六年（1572年）才刊刻印行，而刊行的这一年正是《新安镇志》所记载的新安镇立市之年，新安镇之名已赫然载入了州志。

由此推算，新安镇立镇时间也许更早。毫无疑问地说，隆庆六年（1572年）新安镇之名已经得到了官方的认可，不然州志的总纂知州郑复亨、州志的校正光禄寺卿裴天祐等大儒也不会把"新安镇"之名列入"舆图"之中。

万历八年（1580年），徽州儒商方承训在《游涟湖记》中记载：正月发新安江，二月达涟城，步登金城，暮至新安镇，镇辖海州，而徽商丛居贾鱼，故名新安镇。

再次，《凌氏宗谱》也记载了新安镇之名。凌氏的海州新安镇始迁祖为凌儒瑚，他最迟在万历十三年（1585年），即乙酉年就迁居于此地。《凌氏宗谱》载：祖芳公五代孙加言公长子居海州新安镇。儒瑚，号养心，娶方氏，子敦本。敦本，万历乙酉年生，娶汪姓氏，子二众广。

不难看出，万历年间新安镇是海州南乡的一个大集镇，可谓广为人知了，而不是"逮至崇祯九年（1636年）陈维恭定案，命名'新安镇'"，所以说，"关于新安镇始建于何年？"这一课题，非

常值得灌南史志爱好者认真地探讨、研究。

再来说新安镇的"牌"。

《新安镇志·镇势》载：新安自立镇之初，前人费尽心机，屹然规模，街分八牌，环列五庄。这里用的正是"牌"字。且看《新安镇志》中记载的各牌当年的位置。

头牌，在中河东，北接新沟庄，东抵后河心，南连二牌，西至中河。

二牌，北接头牌，南连三牌，东西同头牌。

三牌，南接四牌，北抵二牌，东出千佛庵之东，西同四牌。

四牌，与二牌同。

五牌，街市，变为东西条，东关河南北，皆属五牌，东至兴东桥，西至河，独东南绕出六牌之后，抵莽牛庄之界，仍为五牌。

六牌，北接五牌，南抵堤头莽牛庄界，东西同（疑缺字），因人烟稠密，复分西六牌云。西六牌，在中河之西，条河自南复望北，南拱惠家庄，北接七牌，西抵惠家庄，东至中河。

七牌，接西六牌，条河，一条西关河之南北，另小街一条，西抵惠家庄。

八牌，条中河，北抵莞葛庄，西抵莞葛庄。

《新安镇志》所详细记载的新安镇八牌位置，与阎寿山老先生所复制的《清乾隆元年新安镇图》大体一致。

据说，毛笔抄写本《新安镇志》现保存在灌云县博物馆，建议相关部门能做一个复件，在灌南县博物馆中展陈，让更多的灌南民众了解这一段历史。

文史研究

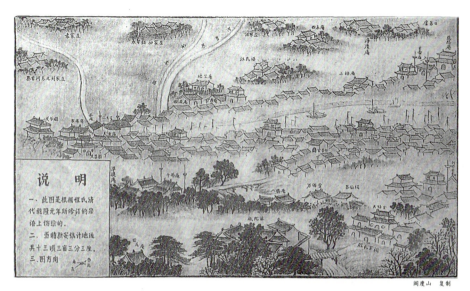

清乾隆元年（1736年）新安镇图

三

牌，其实是封建社会的一种户籍制度。

古时云："皇权不下县。"有历史学家称，清初的这一种户籍制度为"牌甲制"。"牌""甲"是县级以下的地方乡村的一种自治组织，它由历朝的户籍制度演变而来。

宋朝实行"都保制"。十家为一保、选主户有干力者一人为保长；五十家为一大保，选一人为大保长；十大保为一都保，选为众所服者为都保正。保内设置有挂牌，以书其保内户数、姓名。

元朝实行的是"村社制"。令五十家立为一社，带有政教合一的色彩。

明朝实行的是"里甲制"或称"保甲制"。以一百十户为一里，摊丁粮多者十户为长，余百户为十甲。甲凡十人。岁役里长一人，甲首一人。

赵尔巽、柯劭忞等编写的《清史稿·食货一》记载：世祖入关，有编置户口牌甲之令。其法，州县城乡十户立一牌长，十牌立一甲长，十甲立一保长。户给印牌，书其姓名丁口。出则注所往，入则稽所来。

雍正四年（1726年），朝廷颁布了新的保甲法，"吏部遵旨议覆：保甲之法，十户立一牌头，十牌立一甲长，十甲立一保正。其村落畸零及熟苗熟獐，亦一体编排。地方官不实力奉行者，专管、兼辖、统辖各官分别议处。再，立民间劝惩之法，以示鼓励"。

乾隆二十二年（1757年）更定十五条，"直省所属每户岁给门牌，牌长、甲长三年更代，保长一年更代。凡甲内有盗窃、邪教、赌博、赌具、窝逃、奸拐、私铸、私销、私盐、踩曲、贩卖硝磺，并私立名色敛财聚会等事，及面生可疑之徒，责令专司查报。户口迁移登耗，随时报明，门牌内改换填给"。

再看新安镇的"牌"。

月差，头牌六天，初一起，初六止。二牌二天，初七起……

乡团，镇之总乡团一名，各牌乡保一名副之。

铺地差，铺地差五牌应之，余牌不问，如修理营房之费，不派五牌。

这些是乾隆年间新安镇"牌"的一些义务，由此可见，各牌之间是分工协作的，上有统领组织；尽管当年每一"牌"人家临河而筑，如"排"列岸，但"牌"的真正意义在于它是封建社会的一种基层组织。

"牌甲制"的户籍制度自然是封建王朝统治者为了维护天下统治而制定的，旨在通过推行保甲制度，以保甲为目，以牌头、甲长、保长乃至各级地方官吏为纲，把所有的百姓组织起来，使之互相监督，防患于未然。当然，"牌甲制"中不乏诸多合理的因素，值得我们今天借鉴。

文到此处，又有一个问题值得玩味。

《新安镇志》所记载的"街分八牌，环列五庄"，时间约为崇祯九年（1636年），而这一年距离大明王朝灭亡的崇祯十七年（1644年）仅有几年的时间。历史总是惊人的巧合，1636年又是皇太极在京称帝并改国号为"清"的第一年，那么海州新安镇的这一种"牌甲制"是属于明朝还是清朝呢？

我查阅了诸多资料，又请教了南京大学的赵教授，得出了一个相同的结论：明代社会的乡村组织没有"牌"，即《新安镇志》中的所谓明时的"牌"实为清时的"牌"。

四

千古盐河，流水悠悠。

今天盐河畔的新安古镇已成为灌南县的下属县城。几百年前的八牌人家旁的河道已成为繁华的大街。在大街小巷穿行时，四"排"巷、五"排"巷、七"排"巷等旧时的户牌仍不时地跃入眼帘，让人浮想联翩：三牌有州牧卫哲治捐建的卫公书院；五牌有悬挂着传说中康熙五十七年（1718年）状元汪应铨改联题墨"分黄山秀气，振东海文风"匾额的彤华宫；八牌有新安镇八景之一——"三元耀日"的北三元宫……如今，它们都成为历史的烟云。

"牌"几时被写作"排"？这是一个带有几许忧伤的时光记忆。是在那"破四旧"的年代，还是那文字随意的岁月？是和当年的"北六""小尧"之类的乡镇地名同期简写的，还是相关部门做门牌时根本就没有考量？如今老家武小园村村口的牌墙，那个带有江南水乡韵味的建筑上，被书写上了一个20世纪时被"篡改"了的名字——"小元村"。

地名，是一个城市的文化符号，也是一张城市名片；地名，是一个沧桑的历史音符，也是一个鲜活的人文记忆。它既有风花雪月的诗意，也有人间烟火的味道……清时，漕运总督杨锡绂考察盐河运道时，夜晚泊舟新安镇，酒酣之际，临河赏雪，挥毫写下了这首《新安镇夜泊》。

新安镇夜泊

[清] 杨锡绂

临河古镇海云边，雪后庭阶倍皎然。
清景当前难坐失，忍寒呵冻写瑶笺。

如今，地名的使用和更改要依据已出台的国家层面的管理条例。1985 年出版发行的《江苏省灌南县地名录》是一部关于灌南县地名的史料文本，我在此建议相关职能部门依据法规，加强对灌南县地名工作的管理和研究，让地名散发出应有的乡土气息和人文韵味，成为一个永恒的乡愁记忆。

参考文献：

1. 冯仁宏：《新安镇志》新安镇源流，灌南县地名办翻印，1981，第 2 页。

2. 方承训：《复初集》卷二十五《游涟湖记》，第 117-120 页。

3. 冯仁宏：《新安镇志》镇势，灌南县地名办翻印，1981，第 2-3 页。

4. 王先谦：《东华录》雍正九，清光绪十年长沙王氏刻本，第 2249 页。

5. 赵尔巽等：《清史稿》志一百二《食货一》，民国十七年清史馆铅印本，第 1889 页。

（武红兵）

灌南县陈庄《仪制令》碑考释

仪制令起源于唐代，为朝廷颁发的礼仪性规范条令。目前发现的《仪制令》碑多为"轻避重，少避老，贱避贵，去避来"的交通法规内容，可佐证文献记载。江苏灌南陈庄《仪制令》碑或不晚于宋代，为目前所存同类碑中年代较早者。

2019年3月，江苏连云港灌南县博物馆工作人员在当地教育工作者武红兵老师的介绍下，从新安镇陈庄村陈玉能老先生处征集到一块《仪制令》石碑（以下简称"陈庄《仪制令》碑"）。据陈老先生回忆，此碑是在20世纪80年代当地组织挑河时被他们一帮人从河边的淤泥里挖出来的，后来他把此碑弄回家当普通石板用。博物馆工作人员第一次到陈老家时，此碑还砌在他家猪圈上。该碑无背文，正面碑文字迹模糊，犹可分辨。上半部竖刻"仪制令"3

陈庄《仪制令》碑及拓片（碑高69厘米，宽35厘米，厚6厘米）

个大字，字径18.5厘米；下半部从右到左竖刻"轻避重，少避老，贱避贵，去避来"12个小字，字径9厘米。

《仪制令》的演变过程

"仪制"是朝廷官府颁布的法规礼节，即社会奉行的礼仪制度；"令"，当法度、命令讲。据史料记载，仪制令起源于唐代，贞观十一年（637年），唐太宗颁发了《唐律·仪制令》，其中有一条内容是："凡行路巷街，贱避贵，少避老，轻避重，去避来。"自此，凡行路之间皆有此交通规则。《故唐律疏议》规定违反《仪制令》，要受到严格的纪律惩处，"令有禁制，谓《仪制令》'行路贱避贵，去避来'之类，此是'令有禁制，律无罪名'，违者得笞五十，别式减一等"。可见此律令之严，只是当时还没有用实物立于道路宣示罢了。

五代十国是榜刻《仪制令》开始的时期。后唐明宗李嗣源于长兴二年（931年）八月敕："朕闻教化之本，礼让为先，欲设规程，在循典故……准《仪制令》，道路街巷，贱避贵，少避长，重避轻，去避来，有此四事，承前每于道途立碑刻字，令路人皆得闻见。宜令三京诸道州府各遍下管内县镇，准旧例于道路，明置碑，雕刻四件事文字，兼于要会、坊门及诸桥柱刻碑，晓谕路人。委本县所繇官司共切巡察，有敢犯者，科违敕之罪。贵在所为简易，所化宏多，既礼教兴行，则风俗淳厚，庶皆顺序，益致和平。"

榜刻《仪制令》至宋代时盛行。当时的交通工具有车、船、轿子、牲口几大类，而每类又有好多种形式。面对交通工具混杂、秩序混乱的局面，时任大理正的孔承恭提出了解决办法，他于太平兴国中（976—984年）上言仪制令，云："贱避贵，少避长，轻避重，去避来。"并令两京、诸州于要害处刻榜以揭之，所以礼让宽厚的风俗随之兴起。《事物纪原》亦有记载："谈苑曰太平兴国中，孔承恭为大理正，上言仪制令，贱避贵，少避长，轻避重，去避来，望令于两京、诸州要害处刻榜以揭之，所以兴礼逊，厚风俗，

文史研究

从之。今京师诸门、关亭皆有之,而所在道途双堠处皆刻之,盖自本朝孔承恭始也。"

关于大理正孔承恭建议榜刻《仪制令》的资料在《续资治通鉴长编》《玉壶清话》《东都事略》《宋朝事实类苑》《宋史》等书中均有记载。

自此,《仪制令》从京都开封到全国各州各县的各交通要道广泛榜刻使用,并由刻在木板上悬挂逐渐发展为勒字刻石立于路旁永久示人。

已发现的《仪制令》碑

五代与宋的《仪制令》木牌(榜)迄今未有发现。与木榜置于通衢不易保存有关,今所见均为《仪制令》石碑。

福建宁德蕉城区霍童古道邑岭段的邑岭垭口《准仪制令》碑,坐西南向东北,花岗岩质地,呈长方形。碑刻纵书3行,共16字,均为阴刻楷书。正面"准仪制令"4字,字形硕大;右下方刻"贱避贵,少避老"6字;左下方刻"轻避重,去避来"6字。由于碑刻风化严重,部分字迹已经模糊不可辨识,但16个字应准确无误。碑刻没有落款年号,刻字粗糙,应为民间所立,据考证此为南宋年间的碑刻。

福建宁德蕉城区霍童古道《准仪制令》碑,高157厘米,宽37厘米,厚10厘米

福建南平松溪县的《仪制令》碑,现存3块,均发现于20世纪八九十年代,其中2块有南宋开禧元年(1205年)的落款。除"贱避贵,少避长,轻避重,去避来"外,还有所在地、行路里程和立碑人等的文字记载。现竖碑地点已移至县城外的乡村。

福建南平松溪《仪制令》碑

陕西《仪制令》碑,现存2块。一通正中上段有"仪制令"3个大字,每字高、宽12—14厘米;下并列4行小字"贱避贵,少避长,轻避重,去避来",字高、宽4.5—5厘米;题款"淳熙辛丑,邑令王立石","淳熙辛丑"即南宋淳熙八年(1181年)。碑现陈列于略阳县灵岩寺博物馆北展室,又称"略阳《仪制令》碑"。另一通正中上段有"仪制令"3个大字,下段并列4行小字"贱避贵,少避老,去避来,轻避重",刻于宋,发现于宁强县阳平关镇擂鼓台村鲤鱼坟墓地,现藏于宁强县宣传文化中心。

陕西略阳《仪制令》碑(高约60厘米,宽约45厘米,厚约10厘米)　　陕西宁强《仪制令》碑(高约85厘米,宽约42厘米,厚约12厘米)

文史研究

湖北警察史博物馆藏有一块古代《仪制令》碑的复制品（原碑已不存在），正面有3行正楷字，中间竖刻"仪制令"3个大字，字径14厘米；左侧从上往下竖镌"少避老，去避来"6个小字；右侧从上往下竖镌"贱避贵，轻避重"6个小字。

甘肃清水县赵充国陵园碑林中保存有一通《仪制令》碑，系白石质材，无背文。碑中段上部刻有"仪制令"3个大字，右书"贱避贵，少避老"，左书"轻避重，去避来"。据考证，该碑为南宋时所刻，2010年被公布为清水县文物保护单位。

湖北《仪制令》碑复制品（高约74厘米，宽50厘米）

江苏盱眙斩龙涧南宋古城墙处《仪制令》碑（高90厘米，宽64厘米）

甘肃清水《仪制令》碑（高约89厘米，宽约67厘米，厚约10厘米）

1966年冬，在开挖江苏盱眙新船塘时发现了一块《仪制令》碑，高约74厘米，宽50厘米，正面有3行正楷字，中间为"仪制令"3个大字，字径14厘米，右书"贱避贵，轻避重"，左书"少避老，去避来"，字径均为9厘米。此碑发现后又被就地掩埋。1974年4月，在盱眙斩龙涧南宋古城墙处又发现了一块《仪制令》碑，碑文同新船塘《仪制令》碑，碑帽、碑座都已被打碎，碑身略有损坏，字体为楷书，中间大字字径15厘米，两侧小字字径9.5厘米。据考证，盱眙后发现的《仪制令》碑为南宋时期所刻，现存于盱眙第一山。

河北《仪制令》碑于1974年被发现于邢台，尺寸不详，内容为"贱避贵，少避长，轻避重，去避来"。

1992年在内蒙古巴林右旗沙布尔台发现一通《仪制令》碑，

粉白色花岗岩质，高110厘米，宽56厘米，厚11厘米，表面粗糙，内容为"贱避贵，少避长，轻避重，去避来"，据考证为辽代的交通法规碑。

上述《仪制令》碑的碑文内容大多相同，只是个别碑文有"老"和"长"之别，以及前后语序不同而已。所谓"贱避贵"，指一切行人车马皆避官轿、驿骑、邮车；奴仆及苦力人等给官吏、贵人、主人让路；官位低的人给官位高的人让路。"少避老"是指年轻人让路于年长者。"轻避重"是指轻身轻骑让路于负重者。"去避来"的意思向来有争议，总结一下大体有三种：一是主人应该给客人让路，客人毕竟远道而来，主人应该发扬友爱精神，给客人以方便；二是下坡人让路于上坡人，行人让路于其同向的车马；三是避让后面的来者，即某人自后面奔走而来，必定是有急事要办，故也应当避让。

陈庄《仪制令》碑年代

根据资料，目前全国发现的《仪制令》碑不到15件，大多鉴定为南宋时期刻立。灌南发现的此件《仪制令》碑年代应该要早于已发现的其他任何一块《仪制令》碑。

此碑文字书法极其古朴，书写格式完全不同于其他已发现者。其他已发现者的书写方式大多为中间书"仪制令"3个大字，其余12字分列两侧，成为3行并立式；或者添加其他地望、立碑人、年份等附加文字。而此碑所刻字迹笔画宽峻，气势浑厚，上半部用颜体书"仪制令"3个大字，下半部书并列4行12个小字，字体介于楷隶之间，明显具有晚唐至北宋早期书体风格。

据《故唐律疏议》卷二十七记载："令有禁制，谓《仪制令》'行路贱避贵，去避来'之类，此是'令有禁制，律无罪名'，违者得笞五十。"其中，《仪制令》顺序与陈庄《仪制令》碑后8字字序一致。

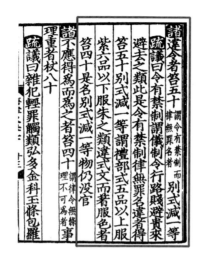

《故唐律疏议》卷二十七，此处"来避去"应为"去避来"，据《宋刑统》已正。《唐六典》（卷四·尚书礼部）、《大唐开元礼》均作"去避来"。

除此之外，此碑为砂岩质地，也比宋代常用的武康石及石灰石年代要早。

故从碑身的字体格式、书法风格、字序、材质等方面都可以断定此碑年代不晚于北宋。

据《食货志》记载，北宋时，朝廷在海州设有板浦、惠泽、洛要三座盐场，年产盐47.7万余担。此碑出土地点位于灌南县新安镇陈庄古老的惠泽河南岸，正是北宋海州惠泽盐场之境。灌南境内有多条河流经过，如灌河、盐河、莞渎河、惠泽河等。发达的水系加上陆路交通满足了盐场外运的需要，各色车船在此川流不息。此碑很可能是立于古惠泽河畔的重要水路交通标志碑。

灌南境域在唐代即隶属河南道之海州，五代十国时期先后隶属于吴、南唐和后周，北宋时全境属淮南东路之海州。据宋代王溥《五代会要》记载，长兴二年（931年）八月敕准《仪制令》，宜令三京、诸道、州、府各遍下县、镇，准旧仪制于道路，分明刻碑于要会、坊门及诸桥柱，晓示路人。由此可见，五代至北宋时灌南已具备立碑的行政级别。

2009年，灌南县汤沟镇契丹庄遗址的发现，证明在宋代契丹人已到达现在的灌南。鉴于内蒙古巴林右旗沙布尔台《仪制令》碑经考证为辽代的交通法规碑，亦为"灌南县陈庄《仪制令》碑在北宋早期就已刻立"提供了佐证。

据此，灌南县陈庄《仪制令》碑是官府立于古惠泽河畔的重要水路交通标志碑，刻碑年代不晚于北宋，可能是国内目前为止发现年代最早的古代交通法规碑刻，弥足珍贵。

参考文献：

1. 嘉庆敕撰《全唐文》卷一百十一《后唐明宗六》，清嘉庆内府刻本，第1113页。

2. 高承：《事物纪原》卷七《州郡方域部第三十五》，明弘治十八年魏氏仁实堂重刻正统本，第154页。

3. 长孙无忌：《故唐律疏议》卷第二十七《杂律凡二十八条》，四部丛刊三编景宋本，第259页。

（杨梅）

史海钩沉

- 探寻惠泽巡检司旧址

- 从"钱家集捐厘局"到"龙钱税所"

- 清代盐河的滚水坝

- 李砚斋农民起义遗迹寻踪

- "波特尼亚"号灌河口被劫案

- "渡江第一船"的百年辉煌

- 智捉"毛人水怪"

史海钩沉

探寻惠泽巡检司旧址

　　巡检司在唐亡后的五代出现，在两宋盛行，金袭之，元承宋、金遗制。巡检为州、县所属捕盗官。巡检司在明朝与清代为县级衙门底下的基层组织，类似于今日的派出所。

　　巡检司通常为管辖人烟稀少地方的非常设组织，除了无行政裁量权之外，也没有常设主管官，其功能以军事为主。到了明朝，巡检司被佐以行政权力。清末人口大增，因财政问题，县衙数量没有增加多少，但县级的巡检司在数量上与功能上日渐增多，多由通判等官职兼职设置。

　　2021年10月19日上午，连云港市朐海书院地方文史学者一行四人，带着市社科联"盐河与大运河"重点课题研究项目，在灌南县委宣传部文联主席陈建、县博物馆副馆长秦中刚的安排下，由张店镇文化站站长刘恒乾带领，来到新旧盐河道交汇口。在一片树木草丛中，文化站站长明确告知，这儿的老河道便是历史上的惠泽巡检司旧址所在地。

　　《嘉庆海州直隶州志》载，惠泽巡检司在张家店镇，去州南一百二十里，于洪武三年（1370年）创建，距今已有650多年。

　　据各地方志的记载，许多巡检司都设置于洪武年间。自洪武元年（1368年）以后，在全国各地大量设置巡检司，如洪武六年（1373年）正月一次设置37处巡检司，洪武十四年（1381年）四月又复置30余处。由此可见，惠泽巡检司在明朝设置时间是比较早的。

　　明代巡检司已经实现制度化、规范化。巡检司一般设于关津要道之地，归当地州、县管辖。巡检统领相应数量的弓兵，负责稽查往来行人，打击走私，缉捕盗贼。

　　洪武十七年（1384年）十月，明太祖朱元璋改巡检司巡检品级为从九品。惠泽巡检司紧邻盐河，附近莞渎场是淮北盐场南端盐田，为紧要之地，正是明王朝关注地点，所以明太祖下令在此设立巡检司。

据《明太祖实录》载，朱元璋曾敕谕天下"朕设巡检于关津，扼要道，察奸伪，期在士民乐业，商旅无艰"。万历《大明会典》中有"关津，巡检司提督盘诘之事，国初设制甚严"的记载。巡检司在关津、要冲之处的设置，以盘查过往行人、缉拿奸细、截获脱逃军人及囚犯、打击走私为目的，维护商旅正常往来，维持王朝安定。

据清《嘉庆海州直隶州志》载，惠泽巡检司有官厅三间、司房两间、库房两间、监房一间、门屋一间，廨舍一所。从房屋数量上看，惠泽巡检司的规模不算小，是海州一处重要关隘。时海州北有高桥巡检司，在今白塔埠镇处，州南则是惠泽巡检司，一南一北互为呼应。

明代巡检司的设置、裁撤、考核皆由兵部掌管，说明巡检司具有武装性质，属于军事系统。不少地方也将巡检司列入"兵防""军政"之列，但是明代的巡检司不属正规的军队，巡检兵士乃为从当地民众中招募的武装人员，地方巡检司的上级为州县衙门，受地方行政管辖。

巡检司制度既充实了明王朝的武装力量，成为国家机器的一部分，划归地方无须国家财政供养，又维护了社会安定。所以，清《嘉庆海州直隶州志》中，将惠泽巡检司、高桥巡检司都列入"建置二公廨"中。

清《嘉庆海州直隶州志》在惠泽巡检司条目中道：嗣因六塘河堤久废，新安镇附近五丈河，东接响水口，较为紧要，巡检移驻，以资弹压。

因六塘河堤毁废多时，惠泽巡检司交通已不畅，又因五丈河，即今武障河处的新安镇地处要冲，清乾隆五十八年（1793年），惠泽巡检司迁往新安镇。

站长刘恒乾在义泽河与盐河的交汇处，指着对岸介绍说，江苏

史海钩沉

省文物部门曾在对面钻探，似有古城遗址。西汉太初四年（公元前101年），汉武帝封李广利为海西侯；征和三年（公元前90年），李广利降匈奴，废侯，遂改置海西县，其封地在东海郡，即海州之地。

这里是一方神奇美丽的灵秀之地，惠泽吉祥，古有惠泽盐场，盐河穿行而过，水陆便利，古往今来留有丰厚的历史文化，"汉韵海西，水秀惠泽"，正彰显出海西大地的多彩魅力。

张店镇位于灌南县的北部，北依新沂河（沂河淌），与灌云县东王集镇、侍庄街道交界，南临龙沟河，横跨盐河，东接北陈集镇。张店镇，古称"张家店镇"，至今已有650余年可考的建镇历史，为海西名镇之一。张店镇是盐河岸边古镇，盐河、义泽河在此交汇，因而成了昔日盐河上的水陆要冲，是古老盐河之畔一颗璀璨的明珠。

很久以前，社会动荡不安，鲁地泰安籍商人张朐率兄弟三人南下讨生活。他们走到此地，见这南北要道水陆方便，便在此开起了旅店。由于张氏兄弟善于经营，生意做得很好，后客人增多，他们又做起其他营生。通过多种经营，其店铺越开越多，远近闻名，人们便称此地为"张家店"。久而久之，张家店便成了这里的地名。这便是张店镇镇名的由来。

连云港市朐海书院地方史学者一行四人，在文化站站长刘恒乾的带领下，来到曾是张家店古街的地方。刘站长指着乡间泥泞小道说，那一片就是张店古街。不宽的小道两边的菜地间，散落着几座农舍。一点没有当年两边都是店铺，瓦房连片的水陆要冲张家店的街道痕迹了。

据史料记载，洪武三年（1370年），立张家店镇，领州南七镇，惠泽巡检司驻于此。崇祯九年（1636年），张家店镇之南的悦来集，正式被命名为"新安镇"。乾隆五十八年（1793年），巡检司迁新安镇，隶属海州直隶州。随着惠泽巡检司迁往新安镇，张家店镇这座兴盛了几百年的盐河小镇日渐萧条。

刘恒乾站长带着大家来到不远的盐河西岸，并介绍说远近闻名的法宁寺就在盐河西边，水浅时盐河边还能看见岸边的阶石，那是张店的码头。法宁寺由宋至和二年（1055 年）开山僧道住化缘建。明洪武二十四年（1391 年），归并伊山大慈寺，洪武二十五年（1392 年）再次修建。

法宁寺占地 33000 多平方米，有房屋 200 余间和大佛殿、阎罗殿等建筑，规模宏大。大佛殿西侧有直径 1 米的牛皮大鼓，东面挂的大铁钟重 1000 多千克，传说大铁钟是盐河发洪水时漂来的，甚是灵奇。大佛殿在西首，廊檐用四根圆形石柱支撑，殿内供奉三尊大佛，为天宝、地宝、人宝；两旁哼哈二将手执金刚杵，五彩金身；大佛后面是天、地、水三官。大佛殿有赤脚观音菩萨和催生娘娘像、十八尊罗汉像分列在两边山头神台上。

东院是阎罗殿，用砖墙与大佛殿隔开。进入月洞门，便是云曲桥，有"三步跨两桥，一眼观两殿"之说，也是"庙里庙"的由来。殿内供奉李天王、四大金刚及十殿阎罗，两庙香火旺盛。南方去云台山进香的善男信女，乘船沿盐河路过张店镇，必下船往法宁寺烧香祈拜，再到街上游览一番。刘恒乾站长介绍法宁寺在 1940 年毁于战火。灌南县博物馆的秦中刚说，馆里收藏有许多张店出土文物。可见张店镇历史文化深厚。

张店镇的文化遗产丰富，那远近闻名的"张店锣鼓"便是盐河沿岸重要的民间艺术，在中国传统打击乐中颇具盐河地方特色。张店锣鼓融合了吴家锣鼓、太平锣鼓的表现手法，自成一脉，深受群众喜爱。

镇上火雷艺术团创建了张店锣鼓展示厅和锣鼓培训基地，对年轻人进行培训，并经常组织外出演出，多次在央视《黄金 100 秒》《向幸福出发》等栏目中亮相，深受广大观众的认同和喜爱。当问到"张店锣鼓各打各"的由来时，刘恒乾站长解释说，张店有个美丽的传说。

清代乾隆年间，有个叫严福的外地客商来张店镇经商，他精通鼓乐，常在镇上演奏，引来张店年轻人学习，很快大家都入了门。他们经常聚会演出，锣鼓、唢呐、笙箫齐上，远近闻名。遇有雨雪天气，他们各自在家练习。由于平日里认真排练，虽各自在家演奏，但也音律流畅，击奏同调。乾隆皇帝南下经过张店时，雨天无聊，听闻古镇锣鼓声起，弦乐伴奏，节调合辙，音律齐整，在雨中似有人指挥一般，不由得感慨"张店锣鼓各打各"，即虽是各自在家中演习，却一致协调。

如今经张店镇政府扶持，张店锣鼓已进入中小学，得到普及与传承，弘扬张店锣鼓艺术。张店火雷艺术团还被评为"连云港市非物质文化遗产优秀传承基地"。江苏省文化厅领导来张店镇视察锣鼓训练基地时，对张店锣鼓的传承保护工作给予了充分肯定和好评。

张店镇政府还对张店锣鼓进行包装宣传，给镇农产品注册了"锣鼓"商标，以增加农民收入，为张店锣鼓营造出一个良好的文化产业发展空间。

参考文献：

赵用贤：《大明会典》卷一百三十八兵部二十一《关津一》，明万历内府刻本，第1292页。

（马鉴尧）

从"钱家集捐厘局"到"龙钱税所"

清咸丰元年（1851年），广西金田爆发太平天国起义。为筹措军饷，清政府于咸丰三年（1853年）率先在扬州里下河设局劝捐，照捐抽厘。厘金制度的出现，不仅缓解了清政府为镇压"洪杨之乱"而造成的军饷空缺，也使得当时已处于瘫痪状态的国内钞关制度得以恢复。

所谓"钞关"，即设在水陆交通要道或商品集散地负责征收通过税的国家机关。据民国《重修沭阳县志》卷三《食货志·稽征》记载：自咸丰朝……军饷支绌，爰设厘局，藉资接济……初设总局于钱家集。

钱家集地处沭阳东南隅，便利的水陆交通网造就了当地繁荣的商业经济。六塘河自骆马湖西来，在钱家集附近分为南北两支。乾隆二十七年（1762年），沭阳县丞即已移驻至此，专司六塘河务。按县志所言，"沭阳厘捐"系"漕捐"，为漕督吴棠所设。因而清廷在此设捐厘局也在情理之中。

吴棠，字仲宣，号棣华，安徽盱眙人。道光十五年（1835年）乙未科举人，道光二十九年（1849年）以大挑一等授桃源知县。同治元年（1862年）任江宁布政使兼署漕运总督，督办江北粮台，同治五年（1866年）擢升闽浙总督。据此推测，晚清时期的钱家集捐厘局的设立时间当在吴棠任漕运总督的5年间。

捐厘局成立后，首任局长为安徽泗州人沈国翰，后因"操刀酿命"而被罢免。继任者张竹三先后在十字桥、塘沟、章集等镇设多处分卡。"光绪初年，拟移十字桥分卡于沭城东关，商界群起反对……叠起风潮，商家视为切肤之害。"

商界之所以会反对，主要原因在于当时江苏的厘金税率较安徽、湖北等省高3%，且名目繁多。据《中国厘金史》一书记载，清末时，苏北地区除江北粮台外，还有筹饷局、军需局等机关同时抽捐，捐务名目多达十余种。此外，江苏还将征厘货物分为二十五类，共一千二百四十一项，并按类制定征收比率，最高可达5%，且须"遇卡完捐"，即沿途每遇到一个关卡，都需要交税方可通过。正如《沭阳乡土志略》中所言：各水陆要道，均有分卡，进出货物均须纳税……经过各处分卡呈验时，例须补送少许，方不留难。

1912年中华民国成立后，钱家集捐厘局奉命撤销，总局迁往灌云龙沟，钱集属之，统称"龙钱税所"。龙沟，位于今灌南县新安镇北，此地水网密集，北六塘河、龙沟及盐河在此交汇。龙、钱两地以北六塘河相连，清江浦、海州等地来往船只经由此水道向西逆行，可直达骆马湖，与京杭大运河相通，堪称沭海地区的"黄金水道"。

1916年10月，江苏省议会草拟议案，计划将原隶属于东海分局的响水口厘捐局划归龙钱总局直辖，暂定名称为"沭灌厘金局"，后因此决议未能通过而作罢。

1918年5月下旬，一艘隶属于英商太古制糖公司的货船，由清江浦往沭阳运送十包白糖。当行至龙钱税所时，该所却以未照新章完税为由，将轮船扣留。几天后，太古制糖公司派员前来交涉后得知，双方起初因税额问题出现分歧，后该分所委员意图克扣船上货物，因而与船长发生冲突。随后，江北商会联合会向南京总商会提出抗议，称"恶税于商，即间接吸脂于民"。

北伐战争前夕，海沭地区因灾害频发，匪患日趋严重，致使龙钱税所年征税额不断下降。1926年8月至11月间，江苏省财政厅先后通过夏、秋两次全省税所考核发现："龙钱因荒歉匪患，以致税收奇绌"，"龙钱、宿窑微二税所均因大水为灾，来货甚少，以致税收奇绌"。

1928年，江苏省财政厅决定"革新税制"，并于是年9月发布《苏财厅整理税收机关》通告，文中称，"兹经本厅长再三考虑，无损于国，有便于商，莫如先行裁并各税所，即自十月一日为始……龙钱税所裁撤，归并青东税所"。

参考文献：

1. 《江苏省议会草议案》，《申报》1916 年 10 月 14 日。
2. 《江北税所病商纪》，《申报》1918 年 5 月 29 日。
3. 《江北各税所年比银之增减》，《申报》1918 年 8 月 30 日。
4. 《苏财厅考核税所成绩》，《申报》1926 年 5 月 4 日。
5. 《江苏各税所夏季比较考成》，《申报》1926 年 8 月 11 日。
6. 《苏财厅考核税所秋季比较》，《申报》1926 年 11 月 21 日。
7. 《苏财厅整理税收机关》，《申报》1928 年 9 月 29 日。
8. 杨梅：《晚清中央与地方财政关系研究：以厘金为中心》，知识产权出版社，2012。
9. 郑孝芬、刘九伟、王娜：《话说漕运》，中国矿业大学出版社，2017。
10. 凤凰出版社编《中国地方志集成·江苏府县志辑·57 民国重修沭阳县志》，凤凰出版社，2008。
11. 罗玉东：《中国厘金史》，商务印书馆，2010。
12. 《灌南县水利志》编纂委员会编《灌南县水利志》，河海大学出版社，2018。
13. 水利部淮河水利委员会沂沭泗水利管理局编《沂沭泗河道志》，中国水利水电出版社，1996。
14. 陈真、姚洛、逄先知：《中国近代工业史资料·第 2 辑·帝国主义对中国工矿事业的侵略和垄断》，生活·读书·新知三联书店，1958。

（刘海洋）

史海钩沉

清代盐河的滚水坝

在江苏省东北部,流淌着一条虽不起眼但历史悠久的河流,它南起淮安市杨庄闸,北达连云港市新浦区,汇临洪河入海,全长175千米。这条人工开凿的河道,古称"漕渠",又称"官河"。后因用以转运淮北盐内销,易名为"盐河"或"运盐河"。又因居中运河之东,亦称"下中河""外河"。在科技不发达、生产力低下的时期,盐河作为航运的一条通道,沟通了海州地区内部及和江南、山东一带的经济联络,促进了社会物资的流通,对于海州地区社会经济的发展,特别是推动盐业的兴旺、沿河集镇的繁荣及文化交流都产生了积极的影响。然而,鲜为人知的是,从盐河诞生的那一刻起,围绕着航运和排涝的矛盾,就一直纷争不止、冲突不休。直到清代盐河上滚水坝的修建,才逐步缓解了这一矛盾。

盐河的开凿与治理

唐朝初期,古海州的经济已经比较繁荣。但由于地处海滨,南至淮楚,北达齐鲁,在这一片广阔的土地上,横贯其间的都是东西流向的天然季节性河流,南北交通运输已经不能适应经济发展的需要。当时漕粮的转运和食盐的运销,成为亟待解决的大事。于是唐武则天垂拱四年(688年),朝廷派人从泗州涟水县向北开凿了一条通达海州的新漕渠,后称"官河"。官河经涟水入海州境,在大伊山以东向北至磨行口(今灌云县大柴市),从磨行口向西北沿海岸至新坝,在新坝与涟河交汇后,向北经海州西门接临洪河入海。海州西门也因此得名"通淮门"。官河的另一分支从磨行口向北至板浦附近入海。

唐朝的沭河有一分支从今东海县的山左口镇附近穿过桃林,辗转流入桑墟湖。船只由官河在新坝转入涟河、桑墟湖,溯沭河而上可达沂州（今山东省临沂市）、密州（今山东省诸城市）。官河的南端在涟水县境以东的涟口汇入淮河，由淮河入邗沟（今京杭大运河）而南达长江，西至安徽诸口岸。因此，官河的开凿就沟通了古海州地区与山东和江南诸省之间的联系。

到了北宋时期，淮北盐业已具一定规模。天禧元年（1017年），海州的板浦、惠泽、洛要三个盐场，每年运销食盐四十七万七千余担，这些食盐大部分由盐商以木帆船经官河运出。所以，官河已经成为北宋时期淮北盐运的一条重要航道。

元朝、明朝的统治者对盐业生产十分重视。为了保证盐运畅通，元代官河进行了多次疏浚；明代也很重视对官河的治理，治理工程一般由都转盐运使司盐运使兴办，其经费一部分由运司承担，一部分向盐商集资。

明代，从磨行口向北至板浦的河道称"景济官河"或"景济河"，是板浦场运销食盐的主要航道。景济官河在板浦以北入海，由于海潮长期冲刷，经常淤积，故也需经常疏浚。至嘉靖年间，航道淤积严重，不能行舟，致使盐运阻滞。嘉靖四十三年（1564年），两淮巡盐御史苏纳川于两淮盐场视察盐业，令海州知州高瑶疏浚景济官河，同时令高邮卫知事郭卫民赞助疏浚。据史料记载，这次疏浚工程将从板浦碑亭向南至大伊山的官河航道全部挖深拓宽，全长六千二百多丈[1]。疏浚后，水面宽四丈，底宽一丈，深四尺[2]。同时，又疏浚从板浦碑亭向东达中正、东辛、大浦、小浦等盐滩的支河，计一万丈有零，水面宽三丈，底宽五尺，深四尺。共计征调民工一万八千八百多人，用银九千七百八十余两。从当年正月开工，至当年四月全线竣工，河道变得畅通无阻。

清初，因淮南逐渐"海远卤淡"，淮北板浦、中正、临兴三个盐场逐渐兴旺，盐运繁盛。官河也因盐运频繁而易名"盐河"。盐河里"官舫估舶，帆樯相望"。由于黄河带来大量泥沙，海州境内

---

[1] 1丈≈3.33米。
[2] 1尺≈0.33米。

的海岸线迅速向东北推移，磨行口至新坝的航道逐渐淤塞。乾隆八年（1743年），盐河从板浦延伸至卞家浦。嘉庆三年（1798年），又将盐河从卞家浦开凿至新浦，形成了盐河现在的走向。海州三个盐场所产的食盐由盐河运往淮阴西坝，转运至安徽、河南、江西、湖南、湖北等销售口岸。

盐河航运和排涝的矛盾

盐河的开凿带来了交通上的便利，推动了海州地区盐业的发展，但也使这一地区的农田排涝困难，给当地的农业生产和人民生活造成了无法估量的损失。

古海州境内有牛墩河、东门河、六里河、义泽河、项冲河（龙沟河）、武障河等六条较大的东西走向河流。其中，武障河、项冲河、义泽河西受南六塘河、北六塘河及柴米河之水，东流汇入灌河入海。六里河、东门河、牛墩河泄沭阳等地东来之水，汇流于五图河入海。而新开凿的盐河由板浦向南穿越这六条河直至清河县盐河闸（今淮安市淮阴区）。这六条河流都是季节性河流，在夏秋之季水势汹涌，而冬春之时往往河道枯涸，因而盐河也随之干涸。

为了蓄水以便航运，明朝开始在武障河、项冲河、义泽河、六里河、东门河五条河道和盐河的交汇处设南北方向的草坝，即以泥土装入蒲包或草包之中，垒叠成坝，用以堵塞五条河道的口门，使盐河始终保持适量的河水，以济船运。事实证明，统治阶级为了满足自身的需要，哪里顾得上人民的利益。北宋熙宁十年（1077年），春季干旱，发运使征调民工疏浚官河以通盐运。海州知州孙洙认为，春旱浚河贻误农时，三次向宋神宗上奏，要求停工。朝廷没有准其所奏，仍然征工疏浚，只为保持盐运的持续畅通。中统二年（1261年），朝廷规定：凡运盐河道，随处官民不得开决河水灌溉农田，以防水浅阻碍盐船航行，违者治罪。明朝一贯执行消极治河和积极保运的政策。明万历四十五年（1617年），淮安分司运判韩子葵指使淮北盐商捐银一万多两，将官河"极力疏浚，深阔行舟"，并在板浦以北的穿心河（今板浦中大街位置）入海处，筑板浦堰十余丈，外捍海潮，内蓄清水，以便盐运。这穿心河在板浦镇中，南通景济官河，北直通黄海。河两岸农田的积水全从其入海。而建了堰，农田的积水则无处排泄，其结果是"只便于商，州民生计日削"，告状的农民日益增多。但"塞堰则损民，开堰则损商"，官府在进退两难之中，还是选择了前者。

　　在航运与农田水利产生矛盾的时候，统治阶级既然以牺牲两岸人民的利益作为保运的代价，那么农民为图己利而与水争地的行动也就愈演愈烈。乾隆七年（1742年），南六塘河、北六塘河、中河等河水一时并发，盐河水位急剧上涨。盐河西岸平地水深丈余，民间房屋冲塌，禾稼被伤，而商人所筑之草坝尚不肯开。农民忍无可忍，聚众围住了海州衙门，要求开坝放水。当时的知州卫哲治刚由赣榆知县任上迁海州，一贯为政清廉，体恤民情。他乘船沿着盐河南下，亲临灾区勘察，只见水淹民田，人民散于四方，百里内一片汪洋。于是他立即请示江南河道总督完颜伟，请求下令开坝泄洪。完颜伟犹豫再三，最终勉强同意。

　　水灾过后，为了治理水患，朝廷下令疏浚了六塘河、六里河、车轴河、茺渎河等河道，同时，疏浚板浦至卞家浦的洪河，以利排涝济运。各河疏浚工程刚结束，盐商又纷纷在各河道口门筑坝。为了使其坚固，盐商甚至要求建立石闸，请运司于春秋时节派委员驻扎在新安镇，根据水势而启闭石闸。这一方案受到了盐河西岸农民的强烈抵制。卫哲治权衡利弊，也反对建闸，他认为，洪水上涨时开放石闸，驻新安镇的委员必须先报中河厅，中河厅再层层上报至河督，河督再派人到实地勘察，这样往返需要十几天的时间。届时水淹民田，早已成灾了。而且农民和盐商之间、地方官和委员之间根据各自的利益，对于石闸的启闭意见也难以统一，更会增加矛盾。争论尚无结果，乾隆十年（1745年），海州、沭阳一带又发生大水灾，悲剧再次重演。

盐河滚水坝的修建

　　乾隆十一年（1746年），卫哲治根据明代绍兴知府汤绍恩于三江海口建闸、竖立测水牌的经验，上书两江总督尹继善，建议在盐河东岸武障河、项冲河、义泽河、六里河、东门河五条河道口门原有草坝之旁各建滚水坝一座，其中，义泽河上有南、北两坝，俗称"五河六坝"。滚水坝以石料筑成，坝脊以高于河底五尺、低于盐河西岸民田一尺为度。因为载重的船只航行需要四尺深水位，而筑滚水石坝可蓄水五尺深，足够航运。水位超过滚水坝即自行流出。如果日久河底淤积，立即疏浚。另外，在项冲河口滚水坝附近立一测水碑，亦称"水志"。在水志上刻上水位线。坝脊过水时超过水志就开滚水坝，协助排泄洪水，至水位与滚水坝水平时，即堵塞滚水坝。这样既利民田，也利水运。

乾隆皇帝采纳了卫哲治的建议，下谕"如诸臣所勘，估挑办理"。因工程浩大，施工周期比较长。到了乾隆二十五年（1760年），武障河、项冲河、义泽河、六里河、东门河五条河道交汇于盐河的口门处，先后建成了滚水石坝，并设立水志，以测水位。清廷还在海州增设了沭海管河专官：将海州州同移驻大伊山，增设海州州判一名、沭阳县丞一名，具体负责盐河水系的疏浚和堤坝等建筑的修防工程。并"令民修筑圩围，广留水道"，重视农田水利的建设。至此，盐河的修防方法逐渐具体和切实，修防工程也得到完善。直到嘉庆初年（约1796年），尽管盐河多次淤积，但都能尽快予以疏浚，滚水坝也能够遵照原有的水志及时启闭，保证了盐河的通航能力和排涝能量，基本缓和了历年来存在的排涝和盐运之间的矛盾。

嘉庆九年（1804年），盐河又进行了一次较大规模的疏浚。这时武障河、项冲河、义泽河、六里河、东门河等五条河道交汇于盐河东岸口门处的滚水石坝都已毁坏，结果仍然改筑草坝蓄水运盐，草坝的开放和堵水的规定也随之紊乱。每当夏秋汛期，盐河以西的农田屡受水灾。河西的农民结伙至河东强行开放草坝排洪，经常与盐商所派的守坝者发生械斗。

嘉庆二十一年（1816年）六月，山东沂蒙山发水，邳宿运河水漫闸背，盐河西岸受淹十分严重，而盐商仍不准开放草坝。沭阳县乡民汤九成、孟葆光一纸诉状将盐商告到都察院，请求恢复盐河与武障河、项冲河等河道交汇处的滚水石坝。嘉庆二十五年（1820年）春，沭阳县乡民汤九成、海州乡民孟允光再次赴京，控告盐商"不疏盐河，不筑滚水坝，加筑草坝，致使民田受淹"。这次状告有了结果，都察院责成江南河道总督署处理此事。河道总督派委员勘估六塘河、蔷薇河、盐河各工，议修项冲河滚水坝及坝下河道。

道光元年（1821年），南河总督奏请疏浚海州盐河，按照旧例蓄水五尺的标准，一律疏通。修复项冲河滚水石坝，定下草坝水志。预算浚河需银五万六千三百零一两，筑坝需银二万三千一百九十二两。道光皇帝批准了这一方案，整个工程用了大约五年的时间才全部完工，盐河又变得水运畅通。

清朝末年，水患频繁，盐河也经常淤积。各河道口门处，盐商仍然筑草坝蓄水，水志却荡然无存了。因无水志，草坝的启闭秩序紊乱，官府也奈何不得，甚至不闻不问。光绪年间（1875—1908年），盐河以西在夏秋季节经常洪水遍地，百姓筑圩以护房屋，而盐商所筑草坝不准开放泄洪。乡绅张怀琳带领三十多个农民，手持器械，乘船夺坝，开坝排涝。乾隆年间，朝廷在项冲河头设立水志，按照水志规定的水位启闭草坝，使得盐河排涝和盐运的矛盾又得到了缓和。

参考文献：

1. 唐仲冕：《嘉庆海州直隶州志》，南京大学出版社，1993。
2. 《灌南县水利志》编纂委员会编《灌南县水利志》，河海大学出版社，2018。

（佚名）

史海钩沉

李砚斋农民起义遗迹寻踪

清朝末年,贪污腐败成风,加之外敌入侵,割地赔款,全国各地民不聊生。灌南地区河网密布,地势低洼,常常遭受洪水、海啸、台风、暴雨等自然灾害的侵袭,水灾、虫害尤为严重,流行疾病时有发生。当地地主豪绅、贪官污吏、土(河)匪海贼的长期压榨、剥削,加之驻守在武障河、龙沟的清军盐防营官兵卡住盐河水上交通要道,以缉查私盐贩运为名,对来往船只、商旅行人和周围百姓,罗列多种名目,征收苛捐杂税,以中饱私囊,灌南地区百姓苦不堪言。

1911年10月10日晚,新军工程第八营的革命党人熊秉坤打响了武昌起义的第一枪。武昌起义风云波及灌南地区。脱离和推翻清政府在灌南地区的统治是当年灌南地区有识之士和劳苦人民的共同愿望。是年11月8日,小李集开明地主李七(字砚斋)会同驻龙沟清军哨官杜金林及地方士绅封寿乾(龙沟河西小封圩人)等人,秘密聚集李集、张店、大圈、张湾一带民众1000余人,历数清兵在当地的残暴与对民众的盘剥,宣传武昌起义的消息,号召民众推翻清兵的统治,指挥民众带着刀枪棍棒,从多个方向围攻武障河、龙沟的清军兵营。战斗从清晨打到第二天天明,这支农民起义军终将两座兵营攻克,缴枪200余支、格林炮一门,军用品甚多,并俘获龙沟哨官王光巨等官兵100多人。在李砚斋的指挥下,农民起义军还相继打下安圩、大杨庄等地主庄圩,灰墩、纪荡等地的农民纷纷来投奔,起义军队伍越来越壮大。后来,由于起义军发生内讧、纪律涣散,又遭孟益斋地主武装的围剿,起义军虽三度攻占李集,但终以失败告终。李砚斋起义历时三个月,是清末海州境内最大的一次农民起义。虽然失败了,但它沉重地打击了封建统治阶级,展现了灌南人民反抗封建主义压迫的精神。

"暗淡了刀光剑影，远去了鼓角铮鸣。"100多年前，李砚斋率众攻打武障河、龙沟清军兵营战斗的遗址今在何处？2022年6月16—17日，出于对灌南人民革命斗争史的浓厚兴趣，我决定到当地寻访。

我首先来到新安镇武障河村、龙沟村，遍寻有一定文化基础、懂得当地历史风情、80岁以上的老年人（男性）调查李砚斋率众攻打武障河、龙沟清军兵营的战斗遗址。

6月16日上午，据龙沟村8组村民封必浩（男，88岁，小学文化）老人回忆："听祖父讲，龙沟清军盐防营位于西盐河与龙沟河交界处的渡口，常年驻扎一哨清军官兵，十几二十人不等。龙沟河北岸边有营房十余间，整个占地面积有六七亩地……1980年前，盐防营尚有遗迹可辨；1980年，河道拓宽、建设龙沟河闸，原盐防营遗址被扒挖成河。其遗址处于今龙沟闸向东50—100米处，龙沟河北岸南的一片水域里。""至于武障河清军盐防营遗址，则在原灌南县造船厂内，西靠盐河，南抵老武障河。造船厂内原有个北大（dài）王庙，盐防营遗址在庙南侧，具体情况到武障河村或闸北村再去问老年人才能知道。"封必浩老人说。上午10点，我在封必浩老人的指点下，来到当年龙沟清军盐防营驻地遗址处，对着今龙沟河闸东侧50—100米、龙沟河北岸南的一片水域拍摄了一张照片。

6月17日上午，我到武障河村11组村民周在模（男，84岁，小学文化）家里采访。周在模老人虽然已有八十多岁高龄，但精神矍铄，神采奕奕，说起地方历史，如数家珍，侃侃而谈。他回忆道，龙沟清军盐防营位于龙沟闸向东的一片水域里，这个位置不错。封必浩所说的武障河清军盐防营位置也不错。少年时，他常与小伙伴们渡过武障河到北大王庙及盐防营处游玩。

据周在模老人回忆，武障河清军盐防营与龙沟兵营相似，也位于西盐河与老武障河交界处的渡口，常年驻扎一哨清军官兵，十几二十人不等。盐防营北侧一处高地上有一座古庙，叫"北大王庙"。"北大王庙"有正殿3间，东西耳房各3间，没有围墙。1966年前，房屋就已破败倒塌，菩萨也不见踪影，但那时还时不时有一些善男信女来此烧香磕头。"文化大革命"后，没有人敢来此烧香磕头了。

古时灌南地处沂、沭、泗流域下游，素有"洪水走廊"之称，全县水面积占比较大。境内历史上"五河六坝"的水利工程闻名南北，而武障河滚水坝则是其中之一。在盐防营与渡口西侧的水中，暗修一座滚水坝，高于河底五尺，低于农田一尺，用于旱年蓄水、涝年排水。但滚水坝可能因妨碍河运，民国时期被拆除了，于是失去了旱年蓄水、涝年排水的功能。1977年建成的武障河闸，既能蓄水，又能排涝，还能通航，盐河两岸的人民终于水旱、水运皆无忧了。

周在模老人补充道："20世纪70年代，这里被县里征用，建设了船厂，武障河盐防营原址就在今船厂内南侧，紧靠老武障河口。只不过，1976年老武障河口拓宽时，武障河盐防营原址也被扒挖成河了。"

按照周在模老人的指点，我到原县船厂（今为灌南县港务有限公司武障河船业分公司）拍摄照片时，船业分公司的门卫说："原盐防营遗址被扒挖成河，今又回填土一部分，公司准备在这里建设拆船设施，这不，现在正在施工中。"

拍了几张照片后，眺望着远方，我长长地舒了一口气，久藏心头的疑惑终于解开了。李砚斋率领起义军攻打武障河、龙沟清军兵营的遗址终于找到了。如果灌南县委、县政府有关部门能在此立碑铭文，甚至建亭纪念，再现当年的"金戈铁马"，发挥其存史、资政、育人及旅游的功能，该多好啊。

参考文献：

中共灌南县委党史办公室编《灌南人民革命斗争史》，吉林人民出版社，2003。

（王开忠）

"波特尼亚"号灌河口被劫案

1929年9月中旬,一艘隶属于华纶洋行的挪威籍货轮"波特尼亚"号,受宁康公司租用,于当月8日赴海州运盐,运输到扬州十二圩。9月12日傍晚,当该船满载海盐,即将由灌河口陈家港驶出时,因落潮水浅,"波特尼亚"号搁浅遇险。正当全船上下焦急万分之时,只见两艘木质小艇缓缓靠近,船主哈兰命人为他们放下了舷梯。可谁承想,这伙人竟是一帮打家劫舍的海匪。一场外籍人质绑架案就此拉开了帷幕。

据史料记载,最早刊载此则新闻的是《上海泰晤士报》。9月16日,该报以"海盗掳架西人交涉"为题,详细记述了此次海匪绑架挪威籍船员的前后经过。

文中提到:挪威轮船"波特尼亚"号,星期四下午在海州洋面搁浅遇盗。船主哈兰及大副韦斯特拉恩两挪威人被绑架。本埠经理该轮之华纶洋行,甫于昨日得讯。现匪党勒赎五十万元,限日送去,否则人质将遭撕票。北平挪威公使已急电国民政府外交部迅速营救。闻中国最高当局已允尽力营救,务使两人出险……至两人被掳经过,按该轮系于八日前自沪开出,此次在海州装盐,将开往十二圩,乃出口未远,拦于浅沙,方俟潮涨出险。讵未几,即有盗船二只,载武装海盗,蜂拥轮船。时船内西人因众寡悬殊,只得听其所为。船主告以此系挪威轮船,悬挂挪威国旗,盗不理,盗众有挟手枪者,有持长枪者,亦有执大刀者,又有一西装少年,似为盗之左右手,操英语极纯熟,曾随盗魁,向船主及买办询问颇久。嗣乃驱船主、大副及另一西人船员登一盗舟。又买办等华人五名登另一盗舟,勒赎五十万元,呼啸而去。

当天傍晚,被绑架的多名中国籍船员被海匪释放,只留下了船主哈兰、大副韦斯特拉恩与三副等三名船员,以当作"肉票"。据

《申报》9月17日刊文,被释放的中国船员中,有一名是宁康公司委派负责押送货物的职员吴玉泉。由于被绑后,人质双眼被蒙,人们从这些中国船员口中并没有得到什么有用的信息。

于是,宁康公司责成华纶洋行,尽快与挪威领事联系,设法营救挪威籍船主及大副。此外,华纶洋行命该轮二副速即将轮开回上海,并派代理船主及大副上船,主持一切,待哈兰等救出后,再令恢复原职。

由于此次绑架案涉及外籍船员,国民政府迫于压力,迅速责成国民党海军,派军舰及陆战队士兵由青岛前往海州剿匪。为缓解当前局势,绑匪最终妥协,释放船主哈兰与三副。

9月21日,挪威驻北平总领事阿尔(N. All)继续向国民政府施压,要求"速为营救被匪掳去之行驶海州方面挪威籍职员"。次日,国民政府外交部部长王正廷在《申报》刊文称:据余所闻,被掳去船主、大副、三副共三人,除船主及三副已获救外,现仅余大副一人。余已允从速请负责当局设法救护出险,不久定有消息也。

据史料记载,挪威总领事在与国民政府外交部的交涉中,竟提出由中国方面先行垫付用于营救大副韦斯特拉恩的赎金。国民政府外交部方面称,以此事国际惯例,向无此办法,已予拒绝。至于营救挪大副,闻已由该部及省政府严电当地县长、当地驻军及水上公安队,竭力设法营救。

9月28日,被成功营救脱险的挪威船主哈兰前往上海医治疗养。而据华纶洋行介绍,土匪已由当地的水上警察及海军等追捕包围,在匪窟尚未出险之大副,现仍在匪禁中。国民政府一方面派兵剿匪,一方面通知该行禁止与匪私行接洽赎票之事,大致不久可以将该匪扑灭,而大副之出险,想为期亦不远矣。

经过中方不遗余力地围剿与营救,至9月29日傍晚,被绑匪扣押16天之久的挪威籍大副韦斯特拉恩最终获释。10月1日,《文汇报》刊载的《挪威轮被掳大副亦救出》一文中称,挪威轮船"波特尼亚"号日前在海州附近搁浅,船主哈兰与大副韦斯特拉恩同被海盗架掳后,哈兰早已脱险来沪,医治创伤。现韦氏亦已出险，乘怡和之裕生轮南来，大约明日清晨可抵淞口。昨日深晚，本埠华纶洋行已接韦氏海州来电。内称，今日乘怡和裕生轮赴沪，伤势颇重，乞派汽车至淞口，并代定医院等。唯韦氏究系海盗所释，抑或官军救出，则电中未言，须渠到沪方知。至船主哈兰被盗掷石伤颅后，现仍住在宏恩医院调治，韦氏到沪后，大约将同居一处云。

或许是由于韦氏身负重伤，他在与华纶洋行的通电中，并未说明其获释是否为当地军队出面营救的结果。而根据《申报》10月2日刊文证实，上海交涉署于10月1日始正式接奉江苏省政府来电，谓据灌云县县长及盐城水警第七区区长电报，该船大副业已营救出险等语。交涉署奉电后，即转达挪威总领事知照。

据考证，该文中提到的"灌云县县长"，即1928年10月到任的徐伯棠。而根据《盐城文史资料选辑》（第十辑）记载，所谓"盐城水警第七区"，即民国初年由清军淮海水师改编成立的淮海水巡团，后改称"淮海水上警察队"。1927年，南京国民政府成立后，淮海水上警察队改为"淮海水上公安局"，并于次年改称"江苏省水上公安队第七区"，分防盐埠、涟灌、东海各县沿海，下辖第二十六、二十七、二十八三个大队。

据"上海市档案馆藏近代中国金融变迁档案史料汇编"丛书中记载，华纶洋行是一家在挪威注册成立的远洋运输公司，其中国总部设于上海英租界广东路10号，在天津、香港等地亦设有分部。至1949年，华纶洋行注销了在中国内地的所有办事机构，但仍保留香港分部，经营其远洋业务。

参考文献：

1. 《挪威轮被掳大副亦救出》，《文汇报》1929年10月1日。
2. 盐城市政协文史资料研究委员会编《盐城文史资料选辑：第十辑》，内部刊印，1991。

（刘海洲）

史海钩沉

"渡江第一船"的百年辉煌

　　1983年8月23日，南京市文物普查工作人员登上停在灌南县盐河岸边的编号为"苏淮605"的柴油机船。这艘钢制船只的主人是灌南县航运公司。经过文物普查工作者现场勘查比对，并与船主交流沟通后，确认这艘货运船就是解放南京的"渡江第一船"。至此，几经波折后，渡江战役中叱咤风云的"渡江第一船"终于在灌南找到了。人们习惯把"渡江第一船"叫作"京电"号小火轮。

　　"京电"号小火轮，原名"云泰轮"，船长23.1米，宽4.25米，吨位49.84吨，排水量41.4吨。1925年，该船在上海沈宝记船厂进行大修（一说是由上海沈宝记船厂制造），上海顺泰航运公司创始人赵章麟从英国人手中购入。这艘钢制蒸汽船在当时算得上是最先进的船了，主要从事汉口至上海的货物运输工作。1937年上海沦陷，小火轮落入日本人手中，从此开启了一段被日寇驱使运输货物的屈辱岁月。抗战胜利后，小火轮被南京下关电厂收购，更名为"京电"号，一直留用在中山码头，并往返于长江南北两岸，负责运送煤炭。

　　1949年4月22日，准备渡江的人民解放军得到了下关电厂地下党员和电厂进步工人的帮助，厂长韩德举主动为解放军提供"京电"号小火轮。以船老大黄兴发为首的6名船工，将停在中山码头的"京电"号小火轮，以最快速度生火开船，开往江北浦口码头。就这样，"京电"号作为南京解放进程中的"渡江第一船"登上了历史的舞台。

　　渡江战役期间，"京电"号来回数十趟，先后有16名船工参与运输工作，运送了1400多名解放军指战员渡过长江，进入南京城。

　　中华人民共和国成立后，"京电"号更名为"京电1号"，但人们仍然称它为"京电"号小火轮。自此，它犹如一名脱下军装的老兵，在社会主义建设中继续发光发热。"京电"号在承担电厂运煤任务的同时，还承担救急抢险工作。1954年，长江下游一带遭遇特大洪涝，"京电"号奉命往返于南京和马鞍山之间，在抗洪救灾中发挥了重大作用。

20世纪70年代，随着下关电厂运输煤炭的工具改造升级，运煤船从烧煤改为烧油，燃烧煤炭的"京电"号失去了用武之地。1973年，"京电"号离开了它服役近30年的南京，被调拨支援淮阴发电厂，船号更名为"淮轮555"。1978年，为支援苏北地区的水运事业，"京电"号又被调拨给灌南县航运公司（1993年组建为灌南县航运实业总公司，1996年又改制为灌南县鸿远运输有限公司）。1984年，"京电"号调整船号为"苏淮605"。

1979年，"京电"号经历了动力改造。"在计划经济时代，煤炭资源很紧张，烧煤的小火轮难以适应运输需要。为节约资源，提高小火轮的运载量，公司将烧煤炭的蒸汽机改为烧柴油的柴油机。"灌南县鸿远运输有限公司党支部副书记杜恒进回忆了小火轮动力改造的过程。严格来说，此时的"京电"号已不是"小火轮"了，而是一艘燃油的"机动船"。之所以还叫它"小火轮"，只不过是人们的习惯爱称罢了。

改造后的"京电"号宛如一匹驰骋的骏马，焕发出新的生命力。作为船队的"火车头"，"京电"号一次可以牵引12条货船。在市场经济大潮中，"京电"号更是多拉快跑，辗转在华东地区江河湖海众多港口间，运送农副产品、煤炭、建材等货物。在灌南的20年时间里，累计为地方创造运输产值1800多万元，并且圆满完成了洪泽湖抗洪救灾、内河破冰疏航等多项艰巨任务。

1986年，灌南县人民政府将"京电"号列为第一批文物予以保护。1996年，随着灌南县由淮阴市管辖调整为连云港市管辖，"京电"号的船号又被调整为"连拖204"。1997年，"京电"号正式"退役"，静躺在灌南县的盐河中。1998年，"京电"号被列为连云港市国防教育基地。2003年10月，灌南县对船体、甲板、船舷、天棚等按原状原貌进行了维修保护，"京电"号成为灌南县流动的"爱国主义教育基地"。2005年,"京电"号被命名为"连云港市青少年校外活动示范基地"。2006年,"渡江第一船"事迹被制作成电视纪录片《京电号的故事》在全国播出。

2009年,在中华人民共和国成立暨南京解放60周年之际,"京电"号小火轮从灌南回到阔别32载的南京,作为渡江胜利暨南京解放的重要见证,被永久陈列在渡江胜利纪念馆的广场中央。2011年11月,"京电"号在全国革命文物定级中,被评定为国家一级文物。

近百年间,历经抗日战争和解放战争洗礼的小火轮,不仅承担了拉货载物的运输使命,还承担了洪泽湖抗洪救灾、内河破冰疏航等的急难险重任务,先后经历了两次更名、四次更换编号和一次动力系统更换,其间还经历了数次修补,最后从水上转战到岸上。"京电"号用它传奇的一生,向世人讲述了在开天辟地的战争年代、改天换地的社会主义建设年代和翻天覆地的改革开放年代"小火轮的故事"。历经百年沧桑,小火轮的"身子骨"已经大不如前。为迎接建党百年,从2019年10月起,"京电"号就启动了大规模的修缮工作。经过一年多的修复,"京电"号焕然一新,以昂扬的身姿屹立在南京渡江胜利纪念馆展厅内,再现了"渡江第一船"的昔日风采,以中华人民共和国诞生见证者、社会主义建设者和改革开放亲历者的多重身份,接受广大市民的瞻仰。

2022年,为了恢复灌南"渡江第一船"爱国主义教育基地,灌南县委、县政府在盐河体育休闲公园内建立了一个"渡江第一船"纪念广场和文化长廊,并按照原船大小和结构仿制了一个"京电"号船,供人们参观和了解渡江文化。

(姜龙才)

智捉"毛人水怪"

1953年的夏秋之交的某天,夕阳已落,小垛乡(现李集镇小垛村)笼罩在一片红霞之中。下田劳作了一天的村民,有的坐在门口乘凉,有的坐在桌旁吃饭,有的几户聚在一起闲聊。晚霞渐渐收敛了光芒,天慢慢地昏暗下来。

"家家户户不要乱动,在外面的到屋里去,以免被子弹碰着。"时任小垛乡乡长的倪敬才在村道上边疾行边大声嘱咐道,后面还跟着民兵模范队。伴随着嘱咐声,村庄西头的电筒光柱像把把利剑穿透黑暗,向村庄的中间急速靠近。模范队的十来个民兵手持步枪直扑中间户倪某山家,踹开房门将一个白发之人拽住,押着奔向村部而去。

"水怪被抓了,水怪被抓了。"村民们奔走相告的声音在圩外的上空回响,惊得小孩们在大人的怀里哇哇直哭。大人们搂着孩子,不住地安慰:"不怕了,不怕了,水怪被抓了,再也不怕了。"

《中国共产党灌南县历史》(第二卷)载,从1949年8月起,小垛乡一带"毛人水怪"谣言四起,社会治安和生产均受到很大影响。同年11月,经过干部群众共同努力,谣言平息。1953年6月,"毛人水怪"谣言再起,村民早晚不敢单独下田,晚间数十家挤在一起住宿,时有自相打伤甚至致死的情况发生。同年10月,谣言彻底平息。

事后,经调查,原来一些有命案在身的国民党旧兵、黑贼、河匪等,害怕政府清算他们,又无处逃避,遂装起"毛人水怪",搞得人心惶惶。小垛的倪某山便是本地的"罪魁祸首"。

倪某山干过黑贼,当过国民党士兵,曾有命案在身。随着小垛周边地区逐渐被解放,他知道自己的末日就要到来,急得像热锅上的蚂蚁。于是,他便在庄上散布谣言,说解放军过来后会怎样怎样，只有向南逃荒，才会有好的生活。不明真相的几户倪姓人家在他的怂恿下，便拖家带口，跟他一路向扬中方向奔去。结果由于人生地不熟，加上心理上的慌乱，大家在扬中地区将家当丢失殆尽，连吃饭睡觉都成了问题，便不再相信倪某山。跟随他的几户倪姓人家在政府的遣难中回到了小垛。本想掩藏在几户人家里求得平安的倪某山，此时已无计可施，在扬中地区乱窜了一些时日，感觉性命朝夕不保，只得又南下上海，北上山东，又往东北投靠家乡旧亲，以期逃避政府法办。但旧亲知他平日作恶多端，不敢收留。倪某山无奈之下，于一个夜深人静之日，又悄然回到家乡。但他惶惶不可终日，整日盘算着如何逃过清算一劫。

思来想去的他想到了灌河地区"毛人水怪"兴风作浪一事，觉得炮制此法，扰乱乡里安定，转移视线，或许自己能不被注意，逃避法办。于是，他便开始实施自己的计划。夏秋之时，正是玉米成熟之际，也是他装怪的最好时机。倪某山趁着夜色，悄悄地带上在家用布包好的手电筒，在玉米地里用手电筒对着村庄上下左右乱照，如此多次反复。倪某山还有其他吓人的方式，那就是在夜幕笼罩的时候，头顶被单或者蓑衣等，头戴面罩，面涂血色，扮成"毛人水怪"，隔三岔五地或出现在河边，或出现在玉米地里，或出现在路旁，甚至冷不丁地出现在别人家的门前屋后。村民科学知识匮乏，真以为害人之怪降临庄子。胆小的人在家里都不敢出门，有的出门后互相喊鬼叫怪，有些人家都是几户待在一起，以防不测。村里村外，弥漫着惊恐的气氛。

小垛民兵多次采取突击行动也无济于事。后来，因为一名老妇在和人闲谈时，提到她的儿子经常半夜不回家，有时身上还湿漉漉的，第二天因犯困会睡很久。这些消息传到了乡长倪敬才的耳朵里，引起了他的警觉，倪敬才将此事向区里做了汇报。区里感觉"毛人水怪"之事已现端倪，事关重大，立即要求小垛乡严查此事。

回到小垛乡的倪敬才和其他同志一商量，感觉此事不能硬来，因为一来弄不好会打草惊蛇，二来"毛人水怪"肯定会有所防备，稍有不慎，也许会造成人员伤亡。于是，他们决定智取。乡里首先暗暗监视老妇的儿子，果然发现老妇儿子夜不回家。原来"毛人水怪"倪某山用钱买通老妇儿子，拉他下水，一起利用夜色掩护做起了"毛人水怪"。村里查清了事实真相，将老妇儿子控制起来之后，要他继续和倪某山装水怪，村里则装作什么头绪也找不出，用一副无可奈何的样子麻痹倪某山，暗地里在他家周围布置暗哨，监视他家的动静。倪某山看乡里什么动静也没有，就放松了警惕，不再天天躲在厨房锅灶下的地道里。有一天傍晚，多天没有洗澡的倪某山将武器放在地道里，爬出地道，在厨房里洗起澡来。得到消息的乡领导觉得时机成熟，立即组织民兵模范队前去捉拿倪某山，这才出现了文章开头的一幕。

倪某山听到动静以后，连鞋子和衣服都来不及穿就想钻进锅灶下面的地道里。但民兵们身手太快，以迅雷不及掩耳之势破门急入，将刚爬到锅沿的倪某山制服。被逮的倪某山，因几年未见太阳，居然浑身雪白，头发更是有尺长，而且通体花白，就算不化妆他都像一个怪人。村里公审后，报上级批准，数日后倪某山被枪决了。

倪某山被公判执行后，小垛再也见不到和听不到"毛人水怪"了。听老辈人说，水怪及其居所模型曾在县里模拟展出，作为一种警示。

参考文献：

中共灌南县委党史办公室编《中国共产党灌南县历史》第二卷，中共党史出版社，2014。

（倪庆中）

人物春秋

- 潮涌灌江浪淘沙

- 一个抗战老兵的革命情怀

- 走近"不降旱魔誓不休"的战斗英雄

- 为了不被遗忘的老兵

- 费爱国院士的母校情

人物春秋

潮涌灌江浪淘沙
——潘文法口述实录

1991年2月6日，我受堆沟港镇人民政府委托外出收集镇志材料，在连云港市猴嘴镇（现猴嘴街道）寻访到堆沟镇首任镇长、老党员潘文法。

潘文法，1925年出身于堆沟的一个佃农家庭。幼入私塾，后插班进入位于堆沟前街的济南场盐务第二小学。1937年，"卢沟桥事变"爆发，学校解散，潘文法休学。

济南场盐务第二小学推行的是新式教育，教师中不乏颇具进步思想的爱国志士，他们经常组织学生进行抗日爱国宣传，有时候甚至还带领穿着童子军校服的学生到盐码头检查商船，配合缉私。

1939年3月，日军占领堆沟后，亡国奴的耻辱刺痛了潘文法的心，他对日本侵略者和汉奸、伪军深恶痛绝，但只能将恨埋藏在心底。成年后的潘文法见堆沟及附近有些人当伪军，跟着日本人为非作歹，他决心再穷也要有骨气，绝不走错路，所以他宁可到码头上扛盐养家。

1945年9月，新四军进驻堆沟，被国民党收编的原伪盐警部队退据徐圩以西。初次获得解放的堆沟，于次月建立堆沟区署，下设堆沟乡、路北乡、燕尾乡；堆沟老街成立前街村、后街村、河圈村。区、乡、村政权需要培养和锻炼革命干部。潘文法觉悟高，对革命充满热情，他为新四军做向导，积极参与堆沟乡村政权建设，很快受到中共堆沟地方党组织的重视。经过培养考察，1946年3月，潘文法被吸收为中国共产党党员。

回忆入党时的情景，潘文法说，那是在堆沟的一个草堆边，平时经常开导他、有着丰富革命经历的干部于新浪，作为他的入党介绍人，代表党组织宣布他成为中国共产党党员。他遵照要求向党旗

庄严宣誓。从此，他在党的队伍里经受了各种各样的考验。

潘文法入党后不到两个月，于新浪便调走了。1946年7月，堆沟成立党的支部委员会，尤喜登任堆沟乡党支部书记，副乡长潘文法和新来的于乡长任支部委员。在党支部的领导下，堆沟乡建立了堆沟地方武装——堆沟乡队，为迷惑敌人，他们对外宣称是一个中队，其实只有十几个人，尤喜登任政治指导员，于乡长和潘文法分别任正、副队长。是年夏天，包括灶联会会长封培文、乡队骨干孙小八等在内，中共堆沟支部共有党员7人。

1946年9月，国民党商巡总队纠集盐警队、流亡队一起围剿我地方武装，企图消灭我地方政权。敌人采取威胁、欺骗、拉拢等各种手段，地方政权和武装队伍中的个别意志薄弱者，经受不了严酷斗争环境的考验，做了可耻的叛徒。

据潘文法回忆：1946年夏天，灌河南跑过来一批地主流亡队武装分子，有数百人之多，聚集于保和庄丁国清炮楼。这批地主武装分子依仗国民党商巡总队和盐警部队势力，与灌河北的地主流亡队沆瀣一气，企图占领堆沟。于是，他们派堆沟灶联会会长兼工会主席封培文的妻弟送信给封培文，策反堆沟乡队小队长兼班长孙小八。

孙小八与封培文经不住敌人的威逼利诱，投靠了敌人。他们答应做内应，在盐工、船民中串联发展同伙，密谋袭击我堆沟区署和乡公所，准备发起反革命暴动。

身为政治指导员的尤喜登是我党革命斗争经验丰富的干部，面对复杂严峻的敌我形势，他始终保持高度警觉。一天深夜，他巡逻到前街，发现有一户人家透出微弱的灯光，为了弄清情况，他便悄悄接近，当听到屋子里传出的熟悉的说话声音后，尤喜登意识到情况不对，习惯性伸手拔出手枪以防不测。

果然，屋里是堆沟乡队里的班长孙小八和灶联会会长封培文，他们正与同伙在开会密谋暴动，商议如何与丁国清的盐警及地主流亡队里应外合对付共产党。

尤喜登心知自己一个人势单力薄，此时不能打草惊蛇。但是情况又很严重，必须在报告堆沟区党委领导之前掌握所有叛乱骨干的情况，不能留下隐患。于是，他沉着冷静地将一支手枪藏在墙角草堆里，以便能够一个垫步取枪到手。他刚转身靠近门口，吱的一声，唐某某急匆匆走出来。

唐某某出门想要撒尿，抬头看见尤指导员，吓得结结巴巴地指着屋里低声说："啊……啊……是指……指导员啊，里面开……开会。"

尤指导员面露笑容，摆手示意唐某某不要说话，赶紧离开。唐某某正憋得尿急，此时哪还顾得上撒尿，一溜烟跑回家去了。

屋内人听见外面说话，陡然鸦雀无声。说时迟，那时快，尤指导员侧身推开门扫视屋内。孙小八、封培文、封小秃等一伙人见到尤指导员威严的目光，都像掉了魂似的。

然而，尤指导员显得若无其事，好像什么都不知道，只是用"关心"的口吻嘱咐屋里人说："白天大家干活累，还是早点睡吧。"

"对对对，明晚再拉呱，指导员关心我们，大家都回家睡觉吧。"屋里面的人听尤指导员这么一说，纷纷朝外走。尤指导员一边盯着走出门的每个人，一边用心记下名字，还十分警觉，以防意外。

待人群散去，尤指导员赶紧来到堆沟区署报告。中共堆沟区委获悉情况后，连夜派人联系我盐警部队，在堆沟实施封锁戒严，将参加秘密集会的人抓起来审问。

原来孙小八和封培文通过保和庄地主流亡队里的人牵线搭桥，在敌人的封官许愿下，已经背叛了党、背叛了革命，并已联络了十几个人，为反革命暴动做准备。

经过审查甄别，主谋骨干分子孙小八、封培文、封小秃、潘学礼、何学连等五人被处决。另一个暴动骨干王某某连夜逃跑（1958年，潘文法到陈家港参加会议，发现台下一人正是当年逃跑的王某某，遂将其抓获。此人后被判处劳改）。

堆沟区委领导经慎重考虑，在对以孙小八为首的反革命暴动分子的整个抓捕和隔离审查过程中，没有动用乡队，也没有让潘文法参加。直到调查清楚，事件结束，潘文法才知道来龙去脉。

1946年12月，残存的反动分子蔡捷武、陈仲渠等人发动暴动，抓走我军指导员等9人。田楼区区长成可言率领地方武装营救未果。为了打击敌人的嚣张气焰，12月27日，灌云、滨海两县县大队民兵约200人在杨其岩的指挥下，攻下了保和庄，营救了被抓人员。潘文法参与了此次战斗。

1947年是对敌斗争最困难的时期。潘文法和战友们游击于灌河两岸，有时候机动到滨海一些地方，有时候埋伏于灌河西的农户家中。吃不上饭时，他们就用盐蒿草籽充饥。艰难困苦考验人的意志，不管受多少委屈，潘文法都坚定不移地跟着共产党。1948年秋天，堆沟迎来了第三次解放。堆沟建镇后，潘文法成为堆沟镇第一任镇长。后来因工作需要，潘文法被调到灌西工作，从此离开了堆沟。

1991年3月5日，我去燕尾港拜访堆沟镇原副镇长徐立尧。他也是突围干部，1947年在海安集加入中国共产党。徐立尧比潘文法入党迟一年，但是都经历了对敌斗争考验。徐立尧高度评价潘文法，称赞潘文法"有勇有谋，有工作能力"。徐立尧简述了过去的一些对敌斗争往事，我深深感受到他们参加革命后的艰辛与顽强。

老镇长对我特别提及孙小八反革命暴动未遂这件事，有一定的缘由。他说，这件事对他触动太大，他受到的教育很深，直到突围至潮河南，在张集一带驻扎时，他心里还想着这件事情。好在组织最终还是相信他，他也在战斗和工作中不断反思和学习，逐步走向了成熟。老镇长说，人不管受多大委屈，都要坚守理想信念。他就是这样一路走过来的。

老镇长潘文法所走过的人生之路，令堆沟人深感自豪。家乡人民没有忘记，也不会忘记。

（王加金）

人物春秋

一个抗战老兵的革命情怀

翻开灌南县老干部工作志，在灌南县离休干部一览表中，记载了一个普通的名字——朱标。这位并不为人深知的离休老人，用他不平凡的人生为中国共产党的历史增添了光彩的一笔。

朱标，灌南县孟兴庄镇大和村朱庄人，1917年7月出身于一个贫苦的农民家庭。14岁时，他就跟人学习木匠手艺，以挣点小钱补贴家用。1939年3月1日，日寇从灌河口侵占灌南地区后，烧杀掳掠，残害百姓，朱标恨得牙痒痒。1939年5月，国民革命军第89军游击支队吴维九部到涟水广福寺招兵，朱标与本庄青年张湘如相约一起到涟水投军。但他们不知这支部队是国民党江苏省主席韩德勤的嫡系，这支部队根本无心抗日，专门和共产党搞摩擦。朱标目睹了吴维九部的所作所为后，毅然决然地以生病为借口返回了家乡。

1940年8月，灌云县抗日民主政府在汤沟的汤圩成立。为了发展抗日武装，民主政府在所辖区域征召进步青年加入人民武装。同年9月，朱标从家步行5千米前往汤圩，报名参加了灌云县游击大队。在那里，他认识了游击大队的政委孙良浩。在听了孙良浩所作的一次政治报告后，朱标兴奋得夜不能寐。从游击大队的抗日活动中，他感受到共产党领导的这支部队才是真正的抗日队伍，是拯救老百姓的队伍，他便在心底立下了"跟着共产党打日寇，保家乡，为人民"的坚定信念。在军事训练中，朱标就像一头勤勤恳恳的老黄牛，练射击，一趴就是半天；练匍匐前进，肘部、膝盖都被磨破了皮，血珠直向外渗，可是他从不叫苦叫累。

1940年12月22日，中共苏皖区委决定：灌云县游击大队与滨海大队合并，合并后的部队仍用滨海大队番号，军事上归新四军三师领导。李希成任大队长，吴书任政委，灌云县游击大队政委孙良浩任副大队长，朱标也随队被编入滨海大队。就在合编为滨海大队的同一天，灌南境内北陈集的国民党下级军官刘建三、纪汉成，煽动当地土匪围攻刚刚组建的灌云县三分区区署驻地北陈集，向驻在北陈集街的三分区一个班的民兵发起进攻，接着就放火抢劫蹂躏百姓。三分区区中队长孙秉惠接到敌情报告后，立即带领区中队从北陈集街东西两面合击土匪。在区中队的火力压迫下，刘建三、纪汉成带领土匪慌忙向潮河南溃退。孙秉惠在战斗中壮烈牺牲。滨海大队接到报告后，派副大队长孙良浩带着一连紧急驰援北陈集。朱标也随同连队战友一起跑步赶向北陈集。战士们大多是北陈集、张店一带人，他们地熟、人熟，一个集团冲锋就将土匪打得落花流水。冲在前面的朱标被一颗流弹击中耳朵，鲜血直流。副大队长孙良浩笑着对朱标说："你的命真大呀！"朱标也笑嘻嘻地答道："上战场就会有牺牲，这点伤算不了什么！"

1941年3月，根据淮海军区的决定，滨海大队再次进行整编，留下两个连归盐阜区领导，另两个连、大队部机关、灌云县委机关由政委吴书带回灌云，和原活动在灌西的一个连归淮海军区领导，仍用滨海大队的番号。朱标所在的一连被改为六连，朱标也被提拔为副班长。1942年春，为了配合新四军三师十旅攻打国民党顽固派常备二旅，滨海大队奉命在响水口东北5000多米远的潘圩、西小盘（现灌南县田楼镇境内）设伏阻击增援响水口的杨集日伪军。当100多名日军驱赶着数百名伪军向坚守在潘圩、西小盘三个连的滨海大队阵地冲击时，朱标就趴在副大队长孙良浩的身边。面对日军，孙良浩指着日军旗语信号兵对朱标说，瞄准点干掉他。朱标凭着平时练就的枪法，稍一瞄准，那个日本旗语信号兵就栽倒了。在激烈的枪战中，朱标紧跟在副大队长孙良浩的身边，用他那心爱的小口径步枪，不停地书写着光辉的战绩：一个人就打死、打伤日伪军11人。而他的腿部也被敌人的子弹擦伤。这一天，滨海大队取得了三战日军的胜利。日寇不得不从伊山镇调兵填防杨集。

1942年11月，朱标所在的滨海大队被编入淮海军分区一支队二团。朱标也因为战斗勇敢、动作敏捷，被提拔为司令部侦察队侦察排长，并被调派到军事干校学习深造。1943年2月初的一个晚上，朱标率领的侦察排在灌云县杨集与一个中队的日寇相遇。当时天很黑，朱标他们如果借着夜幕的掩护避开敌人，是完全可以的。但是朱标想的是，如果他们溜走了，杨集的人民群众必然惨遭日寇的毒手。他当机立断指挥侦察排就地隐蔽，打敌人一个措手不及。在朱标的指挥下，战士们从不同方向向行进中的日军开了火。这帮日寇本以为到杨集可以大捞一把，没想到半路上被朱标他们打得晕头转向。当他们从队伍后边调来重武器进行还击时，侦察排早已撤走了。杨集的百姓听到枪响，也早已携儿带女，在夜色里安全转移了。

1943年的一天，朱标所在的一支队二团在团长汪洋的指挥下，向据守在涟水秦西圩的日伪军展开攻击。朱标目睹汪洋团长在身中13枪的情况下，仍然坚持指挥全团指战员作战。朱标后来回忆说，看到团长多处负伤，心中就像有团烈火在燃烧。他在枪杀了两个日本兵后，又用刺刀刺死了一个。战斗中身后的一个日本兵端着上了刺刀的步枪朝他刺来，幸好朱标身边的一位大个子战友眼疾手快，一个箭步刺杀了那个日本兵。

就这样，朱标这位普通农民的儿子在一次次战斗中得到了烈火的淬炼。在抗日战争、解放战争中，朱标经受血与火的考验，经历大小战斗百余次，曾被记大功一次、小功两次，倒在他枪口下的日伪军，他自己都数不清了。

中华人民共和国成立后，朱标相继出任过灌云县公安局干事、板浦派出所指导员、清江派出所干事、清江钢铁厂保卫科副科长、沂河农场生产科科员。虽然他的"官"越做越小，但从无怨言。每当有人说起这些，他总是回答说，这是组织的安排，要服从组织的调动。1980年10月，朱标从灌南县兴庄轧花厂保卫股副股长的位置上退休。退休时组织问他有什么要求，他说，想想牺牲的那些战友，自己什么要求也没有。虽然他的五个子女工作都没有着落，但他坚决不向组织上提任何要求。当时的县供销合作联社副主任于德洪关切地问他，退下去了，为什么不向组织上提出安排孩子工作的事。朱标却说，需要安排照顾的人很多，作为共产党员，怎么好意思向组织要求照顾呢。按照当时的政策，县供销合作联社领导班子研究决定，让朱标的二儿子顶替其父当了一名工人。朱标对儿子说，这是组织上的照顾，一定要记住共产党的恩德。1982年8月，经灌南县委组织部批准，朱标离休，享受县处级政治生活待遇。

2019年12月，朱标这位总是心系党的事业、人民利益的抗战老兵、共产党人走完了他平凡又光辉的一生，这一年，他刚好102岁。弥留之际，他对围在他身边的儿女说："你们的妈妈，是我们灌南县委老副书记廖培秀介绍入党的老党员，在战争年代是陈集区妇救会会长。我们这个家庭是革命的家庭。你们一定要记住，共产党是我们的大救星，一定要遵守国家的法律法规，永远听共产党的话，跟共产党走！"他的小女儿朱恒红后来眼含泪水地说："老爸讲的革命故事，听得我们耳朵都要起茧子了，但在我们心中留下了永远听共产党的话、跟共产党走这个坚定的革命信念。"在朱标的影响下，他的小儿子朱恒庆在老山前线的自卫反击作战中荣立二等功一次、三等功一次。

（李锦华　金磊）

人物春秋

走近"不降旱魔誓不休"的战斗英雄

烈士周树伦于1948年出身于灌云县陈集区陈集乡（现灌南县北陈集镇）的一个贫苦农民家庭。他从小就养成了勤劳、正直、勇敢的秉性。长大后，他参军入伍，因表现优秀被选送到军校学习。眼见着即将拥有大好人生光景，可1972年，周树伦所在部队驻地河北省平山县连续出现7个月干旱。热心支农的周树伦在誓师大会上向战友们发出了"谁英雄，谁好汉，支农抗旱比比看"的倡议，决心"不降旱魔誓不休"。不幸的是，在那年夏天一次抢修抽水机故障的过程中，周树伦触电牺牲，年仅24岁。

家贫志不贫，小小少年励志成长

1956年，周树伦到八庄小学读书。入学后，他刻苦努力，成绩在班上一直名列前茅，年年被评为"三好学生"，还担任了班长。加入少先队后，他又被选为少先队的中队长。年幼的他热爱集体，关心他人，经常受到校领导和老师的表扬。每当学校有学费减免名额时，学校领导和班主任第一个考虑的总是周树伦。但都被他婉言拒绝了："还是让给比我更困难的同学吧！我们家想想办法，学费还是能交得起的。"

几年后，周树伦考入陈集初中。学校离家很远，有条件的同学都住校了。可由于家庭贫困，周树伦一直坚持走读。每天都是跑着上学，跑着回家，无论刮风下雨，他从不早退、迟到，学习成绩在年级一直拔尖。然而，读初二时，因家庭贫困，周树伦不得不辍学回家。回家后，他积极参加生产劳动，多次被评为"先进社员"，曾两次受到人民公社的表彰。

因为表现出色，1966年，灌南县劳动局抽调他到淮安去学习电工技术，半年后，他以优异的成绩结业回乡。那时家乡还没有通上电,他学到的知识得不到运用,便爽快地服从组织安排,回家继续从事农业生产劳动。此后不久,周树伦光荣地参军入伍,分到陆军第二十七军某坦克修理连,当上了一名坦克修理工。在那里,他学到的电工知识派上了用场。他更加刻苦、勤奋,成天遨游在知识的海洋里。因为出色的表现,他连续三次被评为"五好战士"。1969年年底,他光荣地加入了中国共产党。

谁英雄,谁好汉,支农抗旱比比看

1970年,周树伦被选送到军校学习,面对这难得的学习机遇,他如饥似渴地一头扎进书本里——他放弃一切休息时间,甚至连家信也懒得写,一门心思地研读坦克修理教科书,虚心向教员请教,刻苦钻研实际操作技术。他成绩优秀,还被军校评为优秀学员。毕业后,他重新回到所在部队,被提拔为光电技工,负责全团的坦克维修任务。由于他工作勤恳、业务精湛,后又被调到师坦克修理营工作。

1972年,周树伦所在部队驻地河北省平山县连续7个月干旱,严重影响农作物收成,当地农民苦不堪言。为了有效帮助农户抗旱保苗,广大干部群众在河北省委"千里百担一亩苗"指示的鼓舞下,日夜奋战;驻地部队也全部投入了这场战斗中。其间,周树伦当然不甘落后,他第一个报名参"战",并很快获得了批准。部队领导决定由他负责平山县军队支农机械组的机械维修任务。

在支农誓师大会上,周树伦向战友们发出了"谁英雄,谁好汉,支农抗旱比比看"的倡议,决心"不降旱魔誓不休"。他一到工地就忙着架设电路、安装机器,就连群众端来的绿豆汤、儿童提来的凉开水,他也顾不上喝。

机器安装好后,周树伦带领几个战友按照"歇人不歇机,歇人不歇岗"的要求,日夜轮战,坚守在抽水机旁。作为技术骨干、小组负责人,周树伦自然感到肩上的担子比别人重。他既要轮岗值班,又要照顾同组战友,还要协调和地方的关系。周树伦眼睛熬红了,人累瘦了,战友们劝他歇一歇,他却回答说:"抗旱这么紧张,我不能歇。"

一腔赤诚热血，化为万顷抗旱碧涛

1972年5月28日中午，烈日炎炎，火红的太阳拼命地烘烤着大地，久旱的平山县到处热浪滚滚，连风、空气都是灼热的。下午1点多钟，周树伦顾不上午休，带领两名战友向离驻地5000多米远的抗旱工地赶去。当他们离抽水机还有10多米远的时候，周树伦从尖叫的机声里听出了不好的预兆：机器要出故障！

周树伦迅速向抽水机奔去，他近前一看，发现一颗螺丝钉松动了，若不及时拧紧，就会发生毁机断水的事故。而值班的新战士由于技术、经验欠缺，对此竟然一无所知。周树伦拿起扳手就朝故障点冲去，却没有发现抽水机上的电线已被颤动的机械磨破了外皮。当他接触松动的螺丝时，强大的电流一下子将他击倒在河里。紧急时刻，两名战友奋不顾身地冲向河边，却也被高压电击倒在地。幸好，值班的新战士及时关掉电源，随后赶来的两名战友才得救，而当大家从河里救起周树伦时，年仅24岁的他，不幸停止了呼吸。

此时，部队首长和平山县的领导赶来了，当地群众也赶来了，他们为失去好战士周树伦而无限悲痛。为了表彰周树伦的模范事迹，部队追记他一等功，并追认他为优秀共产党员。其所在部队也号召全体指战员向他学习。周树伦全心全意为人民服务而光荣献身的事迹传到家乡，家乡人民为有这样的好儿女而感到无比的自豪，并一度掀起学英雄、做英雄的热潮。

（张晨晨　吴勇　李锦华）

为了不被遗忘的老兵

灌南县新集镇是一块红色热土。新集大地上优秀儿女英勇、顽强的革命斗争传统,值得我们永远铭记并传承。截至2021年年底,统计资料显示:新集全镇参加抗日战争、解放战争及中华人民共和国成立后发生的抗美援朝、援越抗美、中越边境自卫还击作战等的人员有249名。其中,参加抗日战争的73人,参加解放战争的107人,参加抗美援朝战争的24人,参加解放海南岛战斗的1人,参加炮击金门岛作战的6人,参加援越抗美战争的8人,参加珍宝岛自卫反击战的1人,参加中越边境自卫还击作战的48人,参加川甘青藏滇地区平叛作战的1人。而这当中,既参加抗日战争又参加解放战争的15人,既参加解放战争又参加抗美援朝战争的4人。

2020年12月30日,《新集镇志》的编纂人员到新集镇的27个村(社区)里向新集镇籍的参战人员进行了逐一巡访。

抗战老兵刘珍

刘珍,男,1926年11月出生,新集社区8组人,是新集镇健在的一位抗战老兵。

96岁高龄的刘老,一个人生活,虽年近百岁,但身体康健,精神矍铄,头脑清醒,生活能自理。

访谈中,编纂人员得知,刘老是1944年参加地方民兵中队的,曾参加配合涟东县独立团伏击日伪军的战斗。1945年春天,他从地方民兵中队参军,成为新四军二师的一员。

1946年冬天,刘珍所在部队在苏嘴(今属淮安市淮安区)遭遇国民党军25师。他们被敌军包围,团首长命令全力以赴突围。刘珍个头高,是机枪班班长,他端着机枪边打边跑,带领全班跑了

10多千米,整个部队牺牲了10位战友才冲出包围圈。

还有一次在盐城伍佑,时值冬天,刘珍所在部队在冰冷的芦苇塘和水田里同国民党部队战斗了三天三夜。后来,又从伍佑打到刘庄、东台,到南通如皋,一直打到南通马塘。

1947年11月,在黄角巷战斗中,刘珍腰部负重伤,下肢全部失去知觉,人也昏死过去。夜里部队打扫战场,班里的一个战友发现是自己的班长刘珍,就同另一个战友把他连背带抬弄到包扎所。后来,随军支前担架团又把他抬到20多千米远的后方临时战地医院。经过6个多月的疗养,他的身体渐渐康复了,但留下了终身残疾,被评为二级伤残军人。1948年,刘珍复员回乡。

刘老因伤残影响,终身无儿无女。他弟弟将自己的一个儿子过继给他,以照顾他与老伴。刘老勤劳俭朴,年轻时,劳作之余,还骑自行车送客,挣些零钱贴补生活。老伴过世后,他仍坚强乐观地生活着。

抗美援朝老兵花法宝

花法宝,男,1934年11月出生,新集社区4组人,是一位抗美援朝参战老兵。

1952年12月,花法宝报名入伍,当时所在部队为华东野战部队某团。他被分在团部,参加训练3个月后,就入朝作战,被编在中国人民志愿军第一军某师师部通信连任电话兵,其任务是确保师部到各战斗部队的电话畅通。当时,正值美军发动"绞杀战"。美军出动大批飞机对我方的铁路、公路、通信线路进行狂轰滥炸。在反"绞杀战"中,志愿军通信连牺牲的人数不亚于一线作战部队。

有一次,花法宝守护的通信线路被敌机炸断,检测断线时发现线路正在通话中。花法宝担心接线会耽误事情,就干脆用两手各握住一处线头,保持线路畅通。尽管电流麻遍全身,但他仍坚持到通话完毕,才和战友们继续抢接线路。通信线路有时遭敌机轰炸,前面的战友倒下了,后面的战友就接着上,事后他们只在牺牲的战友头前插个牌子,写上姓名,来不及掩埋,就要进行别的线路的维修。牺牲的战友只有等打扫战场时才能得到掩埋。

1954年3月，花法宝被中国人民解放军第四海军学校（后为海军潜艇学院）录取，到青岛学习两年。学习期间，他被评为二级优秀学员。毕业后，他被分到潜水某部队。后因父亲突然病故，家中弟弟、妹妹多，母亲一人照应不过来，部队批准他在1958年复员回乡。

回乡后，花法宝先后在乡农具厂、邮电局等单位当过临时工，也经营过小饭馆，带着弟弟妹妹5人和老母亲度过困难岁月。他将弟弟妹妹们抚养成人，对老母亲也是尽心尽孝。

花法宝在家里是厚道的兄长和敬老楷模；在社会上，他作为一名老共产党员，积极带头执行党的各项方针政策，身体力行，主持公道，街坊邻居遇到矛盾和难事经常找他处理，他也获得了大伙的一致好评。

中越边境自卫还击作战老兵晏纯仁

晏纯仁，男，1958年2月出生，新集镇晏庙村6组人，现任晏庙村党支部书记，参加过中越边境自卫还击作战，曾三次遇险。

1979年，晏纯仁在中国人民解放军原南京军区驻安徽某部队服役，时任工程兵二团一营卫生员。部队召开战前动员会时，战士们喊口号、唱军旅战歌，整个营地沉浸在一级战备与"一不怕苦、二不怕死"的革命英雄主义氛围中。部队经过动员后，士气很高，人人抱着为国牺牲的决心奔向战场。晏纯仁和所有参战官兵一样写好本人籍贯、家庭住址，与写好的遗书放在一个包裹里，同时向团里递交了请战书。晏纯仁所在部队是工程兵部队，打仗时他们要逢山开路、遇水架桥，是开路先锋，是冲在部队最前面的队伍。因此，危险也极大。

1979年2月17日，晏纯仁所在部队参加中越边境自卫还击作战，从广西布局关过去，冒着敌人的炮火架桥。晏纯仁与军医尹中勤等5人编在一个抢救伤员的小组里，负责到战场上抢救伤员。在战斗中，他曾三次遇险。第一次遇险是在抢救伤员经过一辆汽车

人物春秋

时,突然一颗子弹从他的右耳边擦过,只差一点点就击中右脑。当时他下意识地趴在汽车肚里,躲过一劫。第二次遇险时,尹中勤军医正带领他们在战场上抢救伤员,突然,越军从后方"哒哒哒"地射过来一梭机枪子弹,尹军医大喊一声:"卧倒不要动!"一梭子弹落在前方。接着,敌人又是一梭子弹射过来,由于他们卧倒在一个死角,子弹无法打到他们。随后我军的炮火向越军的射击点还击过去,越军当即抱头鼠窜。当时如果不是尹军医指挥得当,紧急提醒他们4个卫生员就地卧倒,他们就会惊慌失措地四处乱跑,那就成了敌人的靶子了。第三次遇险也是在抢救伤员时,敌人密集的子弹射过来,落在晏纯仁的身边,十分危险。而此时四周没有掩体。怎么办?晏纯仁只得紧贴地面,借着敌人的尸体掩护,躲避了飞来的子弹。我军密集的炮火还击过去消灭了敌人,晏纯仁才脱险并将伤员抢救回来。

针对自己在战场上三次遇险而又三次脱险的经历,晏纯仁认为,对于个人来说,那是十分幸运的;对于参战军人而言,实质上这种来自个人的运气的占比并不大,运气主要来自我方强大的武装力量,碾压式炮火的覆盖,才使越军无处遁形。拥有现代化的武装力量,先进的高科技武器装备,能更有效地保护自己,打败敢于来犯之敌。这才是中国军人最大的幸运。

参战老兵每个人都有一段令自己难忘的军旅生涯,每个人都有着不为人知的动人故事。今天我们能拥有幸福生活,正是因为有昨天那些老兵的浴血奋斗,甚至是他们用生命换来的。所以,我们每个人都要不忘老兵,感谢老兵,要接过老兵们手中的接力棒,更好地前行,为建设富强的国家而努力奉献自己的一切。

(王开忠　花珐茹)

费爱国院士的母校情

校友资源是学校的宝贵资源。灌南高级中学有六十多年的办学历史,毕业生达两万多人,分布在全国乃至世界各地,其中不少人成为社会精英或国家栋梁。他们心系母校,关心学校的发展。

2013 年,灌南高级中学 73 届毕业生费爱国当选中国工程院院士,我们及时发去贺信,后来费爱国院士发来了致全体师生的一封信。

> 尊敬的成校长及全体灌中师生:
>
> 大家好!感谢母校对一个毕业 40 多年的学生的关注。学生和母校有一种永远不能割舍的情意,无论学生走到哪里,也无论学生从事什么职业,他始终在母校的目光中。这种目光和母亲的目光一样令人依依不舍、永远难忘。
>
> 我是灌南中学 73 届高中毕业生。1972 年 12 月应征入伍,离开学校已经 42 年整了,但是当年灌中简陋的教室、校园北面绿油油的庄稼、西面尘土飞扬的公路、南面和东面清清的水渠,依然在我的脑海中;特别是在"文化大革命"特殊的环境中,老师们在方道生校长的带领下坚守师德,对我们这些不太懂事的青少年谆谆教诲的场面至今还历历在目,成为一种幸福的记忆和前进的力量。我要对在校读书期间灌中所有的老师和教职员工表示衷心的感谢,特别要感谢沈嘉德、黄家驹、谢留芳、汪浩、王必溪、李全根、张纪元夫妇和王松等老师(抱歉有些老师的名字可能拼写有误)对我的教育、引导、鼓励和包容。在那种环境中鼓励我努力学习,辅导我学完了"文化大革命"前的所有数学课、物理课,甚至还学习了一些高等数学的入门知识。这种敬业、负责的精神一直是鼓舞我学习自然科学、人

文科学的源泉之一，也为我继续学习奠定了基础。成校长，这次给您寄去几张照片，其中有我初、高中毕业证和院士证书照片。

入伍42年，在组织的培养下，我做了一些科研工作，能公开发表的不多。对照国家和军队给我的荣誉，我感到很不安，只有把这些作为鞭策自己不断努力的动力。

领导灌中前进的担子落在了您和您的同事的肩上了，我相信一代总比一代强，灌中一定会在各个方面更上一层楼，也一定会培养出更多对祖国建设有益的人才。如果我能为母校做点力所能及的事，请告诉我，这将是我的荣幸和义务。

祝母校越来越好，祝大家工作顺利、不断进步！

73届高中毕业生　费爱国
2014年11月8日

学校40多年前的毕业证书，在学校档案中已经找不到了。费爱国院士却一直保留着他的初、高中毕业证书，给灌中留下了一份珍贵的历史资料。同时，我们也可以看出灌中在他心目中的地位，当然，这也表现出一位科学家对待任何事情都有着严谨的科学态度。后来，我们把这封信，连同有关复印件在校史馆做了展示。

2016年6月16日，费爱国院士回到灌中母校，分管教育的时任副县长张文艳陪同参观。费爱国院士驻足在从老校区迁来的梧桐树下，感怀母校的沧桑变化，正如杨斌先生在《梧桐迁记》所言："旧时云霞，少年梦想，皆凝于斯，结于斯，萦回于斯。岁月如流，而今花甲老校融然静默于梧桐树下矣！"我们安排费院士在惠泽园大楼里的读书馆与师生开展座谈交流。灌南电视台的记者参加了活动，并将活动过程在电视台的《边看边说》栏目以"费院士回母校"为题做了报道。兹录灌南电视台《边看边说》栏目播出的解说词。

费院士回母校

费爱国，中国工程院院士，是我国军事数据链和指挥信息系统专家，现任空军装备研究院某研究所所长，专业技术少将军衔，高级工程师。可是，你知道吗，他是从灌南高级中学走出去的一名学子，几天前，他回到母校，并且为母校师生作了一堂生动的讲座。灌南县副县长张文艳出席有关活动。来看《边看边说》栏目记者发来的报道。

费爱国出生于1955年，祖籍涟水，少年时代随父在灌南生活、读书。他聪明好学，满满一页书的文字看两遍就能一字不差地背下来，初中时老师就建议他读些高中和大学的教材。1972年12月，他从灌南中学毕业，参军入伍，因为文化课底子比较好，到部队后在教导队当上了"代课教员"。在部队，他每天早晚除了跑步时间外，都用来看书。1975年，北京邮电学院给了部队一个学习推荐名额，他抓住这次机遇进入学校学习，并先后获得了学士学位、硕士学位。2004年6月，他又获北京科技大学工学博士学位。2013年，他当选为中国工程院院士。

这次，费院士回访灌南，特别关心灌南县中小学教育情况，专门参观了县实验小学和灌南高级中学，了解学校建设和教育教学成果。在灌南高级中学，他参观了惠泽园大楼、课程基地和校史馆等，并来到与学校同龄的法桐树前合影留念。接下来，他还应邀为母校的师生奉上一场专题讲座。听说老校友费院士回到了学校，灌南高级中学的小校友们按捺不住激动的心情。

记者盛英利：这里是灌南高级中学的惠泽园大楼，听说费院士前来召开座谈，很多师生早早地来到这里做好准备，因为这样级别的座谈会对于他们来说还是人生当中的第一次。因为费院士也是灌南高级中学的校友，同学们在内心期待的同时也多了一份亲近感。

下午四点，讲座正式开始，同学们终于见到了这位期盼已久的"神秘"校友，立刻用热烈的掌声欢迎费院士的到来。副县长对费院士一行回访母校表示热烈欢迎，并简要介绍了灌南县近年来经济社会和教育事业的发展情况。

副县长张文艳： 我也借这次宝贵的机会代表县政府对费院士一行的到来表示热烈的欢迎（鼓掌）。

讲座中，费院士结合自己的求学和工作经历与师生们进行了亲切的交流，畅谈教师敬业负责的精神对于教书育人的重要性。

费爱国院士： 我在这所中学的时候，虽然条件很简陋，但是我的中学老师给我留下了深刻的印象。他们那个时候也就30多岁，也都可以算是年轻教师，但他们对事业充满了激情，尽管在"文化大革命"那样的背景下，尽管住在那么破旧的房子里面，他们却很有激情。而且他们非常热爱自己的事业，我在学校学习的时候，我的这些老师对事业的热爱、对科学的追求、对学生的关爱，在无形中影响着每一个学生。

记者盛英利： 我现在手里拿到的就是费院士在2014年给母校的一封信，他在信里这样说，老师的"这种敬业、负责的精神一直是鼓舞我学习自然科学、人文科学的源泉之一，也为我继续学习奠定了基础"。

那么，作为一名学生，应该如何科学地学习呢？费院士在讲座中鼓励同学们要热爱学习、善于学习、以学习为乐，同时要学会合理的休息，适当做一些家务放松大脑也能更好地促进学习，要保持健康的身体才能有更好的未来。

费爱国院士： 你们有无限大的想象空间、无限大的进步空间，所以这个时候不要把学习作为一种负担。

费院士结合自己的研究领域向同学们讲解了人类是如何一步步实现精确定位的，以此来激发同学们在学习中要有探究科学和追求真理的精神。他说，科学的道路是没有捷径的，既要有理想，也要扎实走好每一步。

在活动现场，费院士还和同学们进行了互动交流，幽默风趣地回答了同学们提出的问题,并向同学们推荐了《根》《青年近卫军》等课外书籍。他的精彩发言让母校师生们获益匪浅。

灌南高级中学学生1：他取得了很多成就,他的精神令我十分的钦佩。

灌南高级中学学生2：他不仅是一个专家,而且是一个很慈祥的老人。他以校友的身份既告诉我们应该怎样科学地学习,也告诉我们学习的意义是什么,今天（16日）听了这个讲座,我觉得自己应该向费院士学习,学习他在科学探索领域不断坚持的那种毅力。

灌南高级中学教师：听了费院士的讲话,特别是费院士的求学经历后,我感到因材施教对现在的教育应该是非常重要的,要敢于给学生质疑、释疑的机会,这样学生就能追求到真理,对学到的内容了解得更加透彻,这对他们自身的成长及后来的发展非常有利。

记者盛英利：费院士来到灌南,不仅给师生们上了一堂生动的教育课,更在师生心中种下了智慧和希望的种子,就像和灌南高级中学同龄的这些法桐树一样,我们的教育必将枝繁叶茂,结出更丰硕的果实。希望我们灌南能涌现出更多优秀的杰出人才,为祖国的强大贡献力量。

座谈会上,给我留下最深刻的印象的是费院士对科学、对祖国的博大情怀,以及对科学研究的独特见解和方法。这些也深深地打动了灌南高级中学的老师和学生。

费爱国院士看到了学校现代化的教学设施,参观了惠泽园大楼和课程基地,高兴地说："现在的办学条件,就是放在北京,也算是比较好的。"他深情地期待灌南高级中学越办越好,为国家培养更多的优秀人才。

（成彦明）

往事追忆

- 周老回乡

- 大羽老师在汤沟

- 潘教授和汤沟太和春酒

- 启功先生挥毫盛赞汤沟酒

- 落日余晖忆颜小

- 村部变迁曲

往事追忆

周老回乡

　　周惠，原名惠美珏，1918年生，灌南县新安镇北惠庄人，惠浴宇之弟。参加革命后，随母姓，改姓周。中华人民共和国成立后，周老曾任中共湖南省委常务副书记、代理第一书记等职。"文化大革命"中遭受迫害，"文化大革命"结束后恢复名誉，历任交通部（今交通运输部）副部长、内蒙古自治区党委第一书记、中顾委委员。

　　2002年夏天，周惠和老伴回家乡探亲。当时，周老食宿在灌南县政府招待所，县领导想请周老和四套班子合个影、吃顿饭。他说，家乡领导是"父母官"，自己已经离休，是普通老百姓，应该拜访各位，请大家吃饭，可碍于腿脚不灵便，出门要坐轮椅，干脆互不打扰。领导闲时可以和他聊聊天，顺便也让他了解一下家乡情况。为不影响工作，经过协商，周老回乡探亲的三天时间里，除了早上外，每顿饭来一个人作陪，不喝酒。

　　住房客厅里加摆餐桌，周老和陪餐的同志边吃边谈，关切地询问麦收季节还有没有人下地拾麦穗、小学生挑不挑猪菜、冬天取暖用不用烤火盆、农村是不是都通上自来水、农户还住不住茅草房等问题。他们吃一会聊一会，时间长了饭菜自然会凉，周老在桌子旁放了台微波炉，随时热一热。看到服务员要倒掉剩饭菜，他便会制止，说放到冰箱里，下顿热一热还能吃。又到吃饭时，周老又问起剩菜去向，服务员装着没听见。周老再追问，服务员搓着手说对不起，被自己吃了。周老惊讶，只说菜里有老年人的口水，并表示歉意。他又说，即使生活好了，也不能浪费。

　　知道我老家在农村，经常回去看望母亲，周老便问我家里收成怎样，家里人是不是都能吃饱肚子。我说，还在"学大寨"运动时，村里就建了电灌站，旱改水，稻麦两熟；实行家庭联产承包责任制后，粮食连年增产，全村人吃穿不愁。周老说，农村形势变好，老百姓过上好日子，功劳要记在农业大包干的账上。

我负责宣传工作，周老突然问："你认为怎样才能当好官？"我有点紧张，思考了一下才回答："既要和中央保持一致，又要创造性地执行中央的方针政策；既要对上负责，又要对下负责；既要任劳，又要任怨。"周老说，共产党的干部上台就要准备下台，光想着上台不行，不一定是好干部，当然也不能有意地下台。他接着问："你认为党员干部怎样才能实事求是？"我说，第一要多搞调查，第二要心底无私，第三要敢闯敢试。周老听完，说他还能说出好多条，但一心为民是根本，最重要。

去县烈士陵园献花圈，周老坐在轮椅上，沿着主干道，缓缓向革命烈士纪念碑靠近。绿树成荫，清静幽深，他对陵园的规划和建设很满意，说今天能过上幸福生活，最应该感谢的是为国捐躯的革命先烈，在吃水不忘挖井人的工程上花点钱值得。来到高大的纪念碑前，周老两手扶着轮椅，低下头，默默地沉思，现场寂静无声。

周老决定回祖居看看，经过惠泽路和惠泽桥时，他说："我家弟兄都干革命，离家早，大多在外地工作，没有带给家乡多大的支持和帮助。就是在本地做官，也是为民服务，哪来的惠泽？桥和路的名字最好重起。"看到侄儿家房子地面是地板砖，锅灶上也贴了瓷砖，周老深情地回忆道："小时候农村满眼都是茅草屋，现在锅灶打扮得比那时大户人家的房子还漂亮。"

周老的四哥在1928年走上革命道路，后被逮捕，敌人用辣椒水和煤油灌他，把他的肺灌伤了，他"死"于狱中。家里人收尸时发现他还有一口气，便将他救活，后来他又继续从事革命斗争。1958年灌南建县时，周老的四哥被调回本地工作，因病英年早逝，政府批准将其安葬在当时规划的干部公墓里。后来这块地要改作他用，便又将其移葬到其姐姐的同块墓地中。墓地地处偏僻，通行不便，加之长时间无人祭扫，故杂草丛生。周老前往祭奠，也只能站在远处望一望，因心有不忍，周老决定将哥哥和姐姐迁葬至新建的公墓，经费由他出。县领导知道后，委托民政局报销经费，周老不肯，几番争执后，周老说："四哥是公家人，你们要出就出吧。姐姐是家庭妇女，没有子孙，钱必须我出。"于是，周老让老伴拿出现金，足额交了修墓钱。

招待所所长找出精心装裱的周老以前的题词"有朋自远方来，不亦乐乎"给周老看，他已不记得了，还打趣说不相信自己能写出这样好的字，引得众人大笑。

中央电视台委派记者郑建国随行采访。当时中共中央组织部、中央党史研究室（今中央党史和文献研究院）等四部门联合，准备拍摄党史学习教育系列专题片《信念》，周老的人生经历富有传奇色彩，成为报道对象之一，所以需要到出生地挖掘资料，追根溯源。这也就促成了周老此次的探亲之旅。周老胸怀救国理想，脱离封建地主家庭，投身革命洪流，出生入死，意志坚强。政治生涯虽遭遇坎坷，但初心不改、能屈能伸，在农村改革中仍然走在前头，谱写出时代华章。后来，郑记者在报刊上发表长篇人物通信《周惠：风雨铸钢骨，情系大草原》，中央电视台播出《信念——周惠专题集》。

2004年11月18日，周老离世。那年周老回乡的往事，我依旧历历在目，难以忘怀。

（窦延忠）

大羽老师在汤沟

在我收藏的资料中,有一本杂志,名叫《艺苑》,是南京艺术学院的学报。这本杂志的总第51期在1992年1月10日出版。杂志的封面上有陈大羽老师的题字"立峰同志留念,壬申大羽"。题字的下方盖有大羽老师的印章。这本杂志是大羽老师在1992年来汤沟酒厂时赠送给我的,我一直珍藏着。

1991年,陈大羽老师迎来了他的八十寿辰,这一年也是他执教的第60周年。南京艺术学院、江苏省美术家协会、江苏省书法家协会联合江苏省美术馆于1991年11月22—30日为大羽老师举办了"陈大羽师生书画展",庆贺大羽老师在中国画创作上所取得的成就。《艺苑》杂志在第51期专门开辟了"庆贺陈大羽教授执教60年暨八秩寿辰"专栏。大羽老师赠送这本杂志给我,有着特殊的纪念意义。

陈大羽老师为何要到汤沟酒厂来?又为何赠送我这本《艺苑》杂志呢?说来这还得感谢省政协原副秘书长朱慈尧同志。朱慈尧同志在1992年曾任灌南县县长,他喜爱篆刻,虽然工作很忙,但时有篆刻作品在报刊上发表。20世纪80年代,他曾刻过"南国汤沟酒,开坛十里香",并在当时淮阴市机关报《淮海日报》上发表。我在县政协主编出版《灌南县政协志》时,也请他题过字。他对大羽老师的篆刻十分崇拜,也是大羽老师的得意门生。朱慈尧的爱人唐新明喜爱绘画,对大羽老师也十分崇拜。朱慈尧同志听说大羽老师在八十寿辰后准备搞一次个人画展,便特意询问我们是否愿意资助,我当即表态愿意。因为陈大羽老师的画作在当时的画坛上享誉极高,尤其是他画的大公鸡,更是享誉海内外,可谓画坛一绝。而且大羽老师的书法兼精篆隶行草,以篆草笔意入画,势放于外而精气内涵,具有雄劲苍古之态、婉转绸缪之姿。他的书风、画风、印风三者统一，共同构成雄健酣畅、奇肆朴茂的艺术风格。能请到这样的画坛大师来汤沟酒厂，为酒厂留下墨宝，何乐而不为呢？

1992年12月，陈大羽老师在朱慈尧同志的爱人唐新明和大羽老师的学生、淮阴画院的王鸿澜等人的陪同下来到汤沟酒厂。当时是寒冬时节，天特别的冷，只见大羽老师头戴红色毛线织的贝雷帽，身穿浅黄色的皮夹克，脖子上围着白底黑杠的围巾，中等身材，略显肥胖。一见其人，就让人想起他画的大公鸡。因为公鸡的鸡冠是红的，身上的羽毛多是黄色和浅黄色的，只有脖子上长着黄色和黑色的羽毛。公鸡斗架时，鸡头昂起，脖子里的羽毛都张开了。大羽老师笔下的公鸡，或引吭高歌，或振翅起舞，或窃窃私语，或怒目相峙，或弓身觅虫，俱能夸张变形而曲尽其神态。公鸡的"人格化"使其作品意味无穷。大羽老师的这身穿戴，还真像他画作里的大公鸡。

因为知道大羽老师来厂，我们提前做好了准备。酒文化陈列室的工作人员早早地把空调打开，营造了绘画、写字的舒适环境，"文房四宝"也摆在了铺有毛毡的书桌上。大羽老师兴致盎然地参观了酒厂的酒文化陈列室。从他的仪表到言谈，一点都看不出已是八十岁高龄，这也印证了他平时所说的"五十淌鼻涕，六十小把戏，七十不稀奇，八十多来嘻"。大羽老师对我说："袁厂长，酒文化源远流长呀，你们酒文化陈列室办得好！这里的名人字画还真不少，今天我也给你们写一幅。"说着，他来到放有"文房四宝"的书桌前，拿起斗笔，挥毫用隶书写下了"南国汤沟酒，开坛十里香"。随行人员和在场的县里、厂里的同志都热烈地鼓掌。我当时只是笑着看字，没有鼓掌。大羽老师看我的姿态，疑惑地问："袁厂长，你怎么好像有点不满意？"我笑着说："大羽老师，您写得好呀！可是我听说您的篆书写得更好，能否用篆书给我们写一幅？另外，"南国汤沟酒，开坛十里香"，题写的人太多，能否请您给我们题写其他的呀？最好是篆书！"当时我说这话，也是斗胆直言。只见大羽老师哈哈大笑："袁厂长，没想到你对我这么了解，真是今日有幸相会，恭敬不如从命。这幅字不要了，我重新给你写一幅篆书！"

大羽老师说完，回到书桌前坐下。他拿出钢笔，在面前的白纸上写写画画，好像是在酝酿着题写的诗稿。在场的人都默不作声，大厅里静悄悄的。这时，我才感觉有点唐突。不一会儿，大羽老师拿着拟好的诗稿走到我面前："袁厂长，遵照你的要求，我想好了两句。"说着，大羽老师就给我解释起来："百里闻香十里醉，天下美酒论汤沟。现在不是十里香，而是百里香呀。论汤沟，不是数汤沟。因为天下的美酒太多了，但汤沟酒别具一格，应当究其根源，所以要论一下。"解释完毕后，在场人员都佩服不已。此时，李东明同志迅速把相机对准了大羽老师和我，抓拍下这一精彩瞬间。照片上，大羽老师左手捏着稿纸，动情地给我解说，我低着头，似在洗耳恭听。这张照片我一直珍藏至今。

大羽老师又重新回到桌前，他用手中的毛笔在宣纸上写写画画。不一会儿，他就用篆书写好了"百里闻香十里醉，天下美酒论汤沟"，并拿出随身带来的印章，在字的右上方和左下方盖了印。我和在场的人员都报以热烈的掌声。大羽老师笑问："袁厂长，你可满意？"我赶忙说："满意！太满意了！衷心地感谢您对汤沟酒的厚爱。"照相机的闪光灯不停闪烁，把这一珍贵的镜头永远地留在了源远流长的汤沟酒酒文化的长河之中。

（袁立峰）

往事追忆

潘教授和汤沟太和春酒

　　潘朝曦（1949—2015年），男，江苏省灌南县孟兴庄镇人，我国著名的中医学家和文化名人。他先后毕业于南京中医药大学和上海中医药大学研究生学院，师从当代中医泰斗张伯臾教授5年，尽得心传，以擅长治疗各种疑难杂症而闻名海内外。

　　潘朝曦生前曾任上海中医药大学教授、研究生院导师、中医文化教研室主任，上海名医特诊部特邀专家，复旦大学国学班特聘教授。《人民日报》《文汇报》和中央电视台、香港亚洲卫视，以及英国、德国的国家电视台均对其业绩做过专题报道。潘教授发表医学及文化论文数十篇，有医学专著十余部、医术著作三部。潘教授还博涉社会、人文、天文、军事等诸多领域，尤精于诗文书画，其散文、诗作、书画多次发表于《人民日报》《文汇报》等国内外多种媒体和文学刊物上。潘教授生前还是上海诗词学会理事、中国书法家协会会员、上海浦东新区美术家协会会员。其业绩载入多部医学家及艺术家辞典，是国内医学界、文化界和养生界里一位有重大影响的人士。

　　我和潘朝曦教授相识于20世纪90年代中期。2015年5月，惊悉他病逝，我很是震惊且悲痛。几年来，我一直想用文字缅怀潘朝曦教授，以此来悼念这位老朋友。思来想去，还是从他为江苏汤沟酒厂设计太和春酒说起吧。

　　2000年初期，在灌南县城和连云港市区流行着汤沟酒厂出品的太和春酒。逢年过节，汤沟酒厂的坛子酒深受人们的追捧。汤沟酒厂的坛子酒，是指汤沟酒厂于2000年推出的新产品，酒是用以宜兴紫砂制成的坛子装的，一坛有1.5千克，而且是60度的高度酒，既可饮用也可浸泡作为药酒。紫砂坛古香古色，深受社会各界的青睐，故而风靡于市，其美誉度颇高。但谁能想到，太和春酒的名字竟是潘教授起的，太和春酒的坛子也是潘教授设计的。这里面还有一个生动的故事。

20世纪90年代中期，我销售汤沟酒时路过上海，住在老朋友张学运家。张学运是我的好朋友，他是灌南县张湾大港人，美籍华人。其父张义祥生前曾任淮阴县（今淮阴区）县委书记，被老百姓称为"焦裕禄式的好书记"。20世纪80年代初，张学运在淮阴市国防工业办公室工作，受我之邀，会经常到汤沟酒厂来帮助我们做企业升级工作。80年代中后期，他到美国深造，并在美国艰苦创业。张学运家当时在上海的五角场。晚上学运和我聊天，他问我："你认识潘朝曦吗？"我说："听说过，但未见过。据说是位老中医，有七八十岁了吧？"学运听了哈哈大笑，说："你这个大厂长呀，就知道卖酒，真是'孤陋寡闻'，连潘朝曦多大年纪都不清楚，真是笑话。"我说："怎么，你认识潘朝曦？"他笑着说："岂止认识，我对他非常的熟悉，而且我们还是好朋友。告诉你，潘朝曦的岁数比你小，是中医不假，可他也是上海中医药大学的教授，是当今上海滩看疑难杂症的名医名家，能让垂危的病人起死回生，有妙手回春之术。"我还记得学运当时说得眉飞色舞。他说："潘朝曦是灌南县孟兴庄人，和我们是同乡。明天晚上，我在上海的张生记大酒店请客，请潘朝曦来和你这个大厂长认识认识。"

第二天晚上，我和潘朝曦教授在上海张生记大酒店第一次见面。他给我的第一印象是朴素大方、随和可亲。记得那天，潘朝曦教授穿着花格子衬衫，梳着二八式分头，典型的"三号个子"，白白的脸，地道的灌南口音，看上去也就45岁左右的样子。张学运笑着对潘教授说："教授，昨天我和袁厂长谈起你，他说没见过你，还说你有七八十岁，你看可笑不可笑？"潘教授听了哈哈大笑，说："久闻袁厂长大名，我是行医的，他是产酒的，可就是只闻其名未见其人啊！"我说："可能是你的书法迷惑了我。吴述成1993年把你题写的字送给我，用的是行草，真是行如流水、飘逸遒劲。我当时认为只有老中医才能写出这手好字，所以才说估计你有七八十岁。"他笑着说："给你题了什么？我倒忘了。"我说："你给人题写的多了，怎么会都记得呢？给我题写的是刘禹锡的一首诗——九曲黄河万里沙，浪淘风簸自天涯。如今直上银河去，同到牵牛织女家。"潘教授说："噢，这是刘禹锡《浪淘沙》九首的第一首。看来，厂长对书法、文学也颇有爱好？"我谦虚道："哪里，哪里。只是平时好看名人书画而已，对书法、诗词我可是一窍不通啊，纯属'门外汉'。"张学运在一旁忙说："看来，你们二位是一见如故，彼此是有话可说了。"

潘朝曦教授不仅医术精湛，他的诗书画更是妙绝。书画大家中能做到会写、会画、会诗词的不多，潘朝曦教授可谓是佼佼者。1999年，他出版了一本诗书画一体的个人挂历。他跟我说："上海画坛大师程十发为我的挂历题了字，你能否帮我推销5000本？"我当即回答他："没问题，有程十发大师的题字，加上你的诗书画三绝，春节我们经销商将它作为促销的礼品，最好不过了。"可惜，经过几次搬家，挂历丢失了，实在遗憾，只能作为永久的回忆了。

从那次初识以后，我每次到上海，都会约潘教授到张学运处聊天。记得1998年的夏天，我从杭州回厂路过上海，晚上住在学运家，学运又约来了潘教授。我们三人聊到夜里12点多方才尽兴。我叫司机尚巍巍把潘教授送回上海中医药大学，他临走时跟我说："你脸色不好看，眼圈四周发黑，要注意休息，如有不适，我给你开几剂中药调理一下。"我说："可能是因为喝酒和劳累的缘故，下次一定到你那儿开几剂中药调理一下。"说来也巧，就在那天晚上的3点多钟，我的肚子突然疼起来，疼得头上直冒汗，我实在支撑不住了，爬起来把司机喊醒。小尚说："看来潘教授说准了，说你身体不好，还真的不好了。我带你到医院去看看？"我说："可能是受凉了，这会到医院不方便，要不就到附近的浴室去泡泡，兴许会好些。半夜三更的，也不要惊动学运。"在浴室里，热水泡了半个多小时，果然不疼了，但过了一会儿，又疼起来。我在浴室里往返三四次，直到天亮才好。由于疲劳，我在浴室睡着了，直到9点多才离开浴室。回灌南后，我先后到县医院和连云港市一院检查，原来是胆囊炎和胆结石，B超拍片还发现有胆囊水肿。胆囊比正常时大一倍，胆囊结石有0.7毫米大。医生当时就开了些消炎药给我，并再三告诫我不能喝酒。过了不到20天，我到南通开会，喝了点酒，晚上胆囊竟又发炎，我疼痛难忍，于是第二天就过江到上海去找潘教授了。一见到潘教授，我就说："教授啊，给你说中了。就在那天送你回去的半夜，我的胆囊发炎了。这不，回去到医院一查，不但胆囊肿大，而且还有结石。"他笑着说："我们中医只要看脸色就知道几分了，开几剂中药给你，保证叫你胆囊消肿、结石打掉。"那次我从上海带回十剂中药，在家熬喝了三剂半，就感觉好多了。我好奇潘教授开的中药到底疗效如何，于是就到县医院去复查。结果医生说我不仅没有胆囊炎，也没有结石了。我有点不相信，于是又到连云港市一院去检查。在做B超时，我跟医生讲："请你仔细地给我查一查，之前胆结石有0.7毫米大。"医生笑着说："你这人是不是头脑有问题，查出来没有胆结石你偏说有。"这还真是神了，只靠三剂半中药就把胆囊炎治好了，胆结石也被打掉了。当年我说给别人听，大家都不太相信，认为我在吹捧潘朝曦。但医院的检查结果就是最好的证明。从那以后，我对潘教授更加信任和折服。

2000年7月27日，改制后的汤沟酒业有限公司就新产品的开发进行研讨。当时市场的需求是60度以上的高度酒，而且最好是用坛子装的。一坛酒以1.5千克或2.5千克为宜，做到既能饮用又能浸泡中药。2000年8月2日和25日我在上海和张学运、潘朝曦教授两次讲了开发坛子酒的想法，激起了他俩的好奇心。潘朝曦提出："开发坛子酒很有新意，特别是高度数能泡中药，这个想法很新颖，应该会有市场。"张学运说："潘教授，你是中医，配副中药放在坛子的包装盒中，愿喝酒的喝酒，愿以中药泡酒的就喝药酒，关键是中药要对人的身体有益。"潘教授说："哎，张总的想法更为新颖。中药我可以配。药酒的疗效主要是解酒护肝。但是，中药是要花钱的，一旦酒卖不出去，那就有问题了。"张学运接着说："中药钱我来垫付，坛子酒我包大头，起码叫袁厂长首批不亏本。"我听了他俩的对话，于是噔地跳起来，说："就这么说定了，有你们二位相助，坛子酒我开发定了！"这时，潘教授说："得给坛子酒起个好名字，这坛子还要有特色，按照你们酒厂的行话讲，叫'有个卖相'。"张学运说："潘教授说得有道理，我看产、供、销一条龙已形成了。袁厂长负责生产，潘教授负责设计和中药配制，我负责销售。"

2000 年 9 月 15 日，在上海的金轩饭店，我又一次和潘教授相见。那天潘教授告诉我："坛子酒的名字我想好了，故宫皇帝的金銮殿叫太和殿，我看坛子酒就叫汤沟太和春酒。它预示着汤沟的泰和、祥和，与和谐社会相吻合。"我一听高兴地说："这个名字好！"潘教授接着说："酒坛式样我想了好久，后到上海博物馆去看了看，发现汉代的陶罐很好看，是中国古老文明的象征，口小肚大，既能装酒，又适宜泡中药。另外，我还有个想法，坛子最好放在宜兴生产，因为宜兴的紫砂在国内外享有盛名，而且有益于身体健康。在包装盒里若能放一打酒用的竹端子则更好。"潘教授的"奇思妙想"着实让人感到惊喜。说着，他把在上海博物馆拍的汉陶照片拿给我看，并且说："最好能去宜兴一趟，请厂家打几个样品。可以请厂家设计两种，一种是装 6 斤[1]的，一种是装 3 斤的。"我当即说："行，名字就叫汤沟太和春酒，就设计两种——6 斤和 3 斤的，哪种好卖就开发哪种。"就这样，汤沟太和春酒于 2000 年 12 月被推向了市场，而且一炮打响。

我是 2001 年 8 月 31 日调离汤沟酒厂的。在政协工作的 7 年多时间里，分管的职能部门里有一个文史委员会，专门负责存史、资政工作。所以，史耀晴主席找我说："你是抓文史委的，你应当把你在汤沟酒厂的经历和保存的资料好好整理一下，给后人好好看看，这也是对社会的贡献。"政协办公室的同志也十分地支持我。终于我花了两年的时间，翻阅了在汤沟酒厂工作时的 113 本笔记和大量的文献资料，做成两本书，一本图文并茂，一本是回忆录，起

---

[1] 1 斤 = 500 克。

名《美酒情缘》。要印刷时,想到请人题写书名,潘朝曦教授当然是第一人选。当我把出书的情况和题写书名的请求跟他在电话里讲了之后,他欣然同意,并在一个星期后把题好的"美酒情缘"四个大字寄到了灌南政协。现在每当我翻看《美酒情缘》时,都不由自主地想起潘朝曦教授,想起我的这个老朋友。

永远怀念潘教授!

(袁立峰)

往事追忆

启功先生挥毫盛赞汤沟酒

　　1985年12月18日，北京异常寒冷，在市中心的宣武门饭店的宴会大厅里，却是热闹非凡，温暖如春。

　　江苏汤沟酒厂在这里召开产品质量征求意见座谈会，来参加会议的嘉宾济济一堂。在宴会大厅中央，放着一张大长桌，桌子上铺着毛毡，毛毡上放着"文房四宝"。嘉宾们品尝着刚刚在第四届全国评酒会上荣获第五名的"汤沟特曲"。特曲特有的醇香飘散在整个大厅，"好酒！""真是好酒！""赛茅台！"的赞誉声、碰杯声、喝彩声此起彼伏。

　　会议由时任厂长的我主持，由江苏省轻工业厅食品处纪国诚处长介绍汤沟酒厂的情况及汤沟特曲在第四届全国评酒会上的获奖情况：第四届全国评酒会上汤沟特曲名列前茅，虽因种种原因未能拿到金牌，但仍然享受名酒待遇。

　　参加第四届全国评酒会的汤沟特曲，外包装为红色纸盒，上有篆体字。采用宜兴烧制的梅花瓶，配塑料瓶盖，当时叫"唐僧帽"，造型别致，大方典雅。酒精度为53度。当时汤沟特曲的一斤装价格为十二元二角零六厘，高于茅台、洋河、双沟等名酒价格，也是当年全国价格最高的酒。

　　就在嘉宾开怀畅饮的时候，有位年轻人走到大厅中央的长桌前，伸手操起一支大笔，在八尺宣纸上挥毫写下了"南国汤沟酒，开坛十里香"。这位年轻人叫李守群，是人民日报社的一名记者。由于李守群开了先河，不一会儿，"初生牛犊"们就写画了几十幅字画，并被挂于会场四周的墙上。在宴会大厅里，有评酒的，有看字的，有议画的，有论事的，会场被烘托得热热闹闹。当天来参加座谈会的，有不少名人大家，如启功、徐邦达、周怀民、许麟庐、黄宗江、陈其通、刘大维、汪洋、王心刚等。现场的热烈氛围，使启功先生深受感染。只见他随手拿起钢笔在白纸上画了画，眯着眼睛想了想，不时还晃着头。过了一会儿，一首赞美汤沟的诗就写好了。我始终陪伴着启老，见他诗兴大发，竟忘记了启老来时的要求——"去，可以去，但去了不写"。见时机成熟，于是我大声宣布："各位嘉宾，启老的诗写好了，现在请启老为汤沟题诗！"顿时，大厅里爆发出热烈的掌声和欢呼声，嘉宾们一下子拥到启老桌前。此时，启老笑眯眯地缓缓起身说道："是后生的精神感动了我，是汤沟特曲诱惑了我，我即兴赋诗一首，并把它题写下来。"我扶着启老来到中央大厅的长桌前。启老要了张六尺大宣纸，把一支毛笔放在长桌上盛满墨水的大碗里蘸了蘸，然后用手在宣纸上理了理，又量了量，做好了要写的姿势。这时，参会的故宫博物院的研究员杨臣彬先生走到启老对面，说："启老，我来帮你拽纸。"因为我对书法外行，只能规矩地站在启老身边。

启老弓着身子，手握毛笔，中锋下墨，一笔一画，一丝不苟地写着刚刚拟就的诗。一刻工夫，诗就写好了。

嘉宾未饮已醺醺，况复天浆出灌南。
今夕老饕欣一饱，不徒过瘾且疗馋。

站在一旁观看的淮阴市轻工业公司副经理赵兴华大声喊道："汤沟出名了，灌南出名了，双丰收，双丰收！快来敬启老酒！"省、市、县的领导，以及参会的酒厂领导都纷纷举着酒杯来到启老的桌前。敬酒声、碰杯声，一阵接着一阵。此时，启老边端着酒杯，边笑着说："好酒！好酒！真是闻着香、喝着甜，十里香啊！十里香呀！"年近八旬的著名书画家、齐白石高足许麟庐老先生指着启老的题诗说："这可是国宝呀！"在场的江苏省轻工业厅食品处纪国诚处长激动地说："汤沟酒厂召开这样的会议是空前的，也是绝后的。这些七八十岁的大家，今后你还能请得到吗？"

在大家的一片赞誉声中，我又见启老拿起笔在桌上的白纸上画了画、看了看，还不时地点下头。过了一阵，只见启老站起来，自言自语道："李白斗酒诗百篇，我还要为汤沟再题诗一首。"话音刚落，整个大厅又爆发出热烈的掌声。嘉宾们簇拥着启老来到中央大厅的长桌前。启老此时好像已有三分醉意，脸红红的，但精气神十足。这可能是汤沟特曲的作用，也可能是会场气氛的烘托。他边写还边念叨："一啜汤沟酿，千秋骨尚香。遥知东海客，日夜醉斯乡。"启老的二次题诗把会场的气氛推到了高潮。参会的嘉宾，特别是文化界的名人，大约是受到启老的感染，都纷纷到大长桌前挥毫泼墨。不到两个小时，会场四周挂满了赞誉汤沟酒的字画，像开书画展一般。这样的场景真是：玉液何须三百杯，沾唇点点绽春蕾。

(袁立峰)

落日余晖忆颜小

回农村老家小住些日子，一天吃好晚饭，太阳还没落下，我便闲步来到村部前的广场上。广场周围绿树成荫，落日余晖映照下的村部院落，幽雅、静谧。站在院内的树荫下，晚风吹开我的思绪，一下子把我拽回到那艰涩而又无忧的童年。我站的这个地方原来就是我的母校——孟兴庄镇颜马小学。

村庄中间有一整排草房，屋面苫盖红草秸秆，这种红草秸秆比麦草耐用，全村少有。这就是我们的学校。我读小学一年级时，学校共有五间房，四间做教室，一间给老师办公。学校有四个年级，采用的是复式班教学，一、二年级坐一起，三、四年级坐一起。老师先讲一个年级的课，另一个年级自习或者做作业，讲完一节课再倒过来。同学年龄相差大，小的七八岁，大的十五六岁。

泥垛子上面摆块长木板当位桌，讲台也是泥垛子，体积大些，上面抹平，放教本、教棍和粉笔盒。教室里学生坐的板凳需自己带，和书包一样，学生随身带着上下学。有的同学没有板凳，就用烂泥垒一个，还在边上挖个洞，存放砚台，被老师表扬聪明、肯动脑筋。教室的门是用木棍和木板拼成的，常有顽皮的孩子钻进钻出，爬桌板、骑垛子、捉迷藏。放寒、暑假时，老师领着我们，把长木板集中起来，抬到村民家存放。开学的第一件事情，就是和烂泥、修位垛子，再把桌板抬回来放上。"黑屋子，土台子，里面坐着泥孩子"，是对那个时期灌南农村校舍的形象描述。

初小毕业，我和少数几个同学考上乡里的高小，去那里读五、六年级，其余同学告别学校，回家拿起农具挑菜割草、收割播种，沿着上一辈的人生道路负重前行。为让更多的孩子能读上书，颜马小学易地搬迁，新址靠近乡间公路。打基础、备材料、垒墙上梁，都由村里包揽。用泥土堆积屋基，把石头礌子竖起来，在石礌眼里安装木棍,周围站着七八个强壮劳力,分别拽着石磙身上系的绳子。村支书两手抓住木棍,响亮地喊着号子,众人呼应,拉起、放下,反复锤打,直到夯实为止。平整好的操场上,社员铲烂泥,村主任掌木模,并屈腿蹲地打土坯,腰酸了站起来直一会儿,再继续干。几年时间,校舍扩大到三排,土墙瓦苫。初小升为完小,一到六年级都有单独的教室,还有简易的篮球场。我高中毕业回村劳动,担任团支部书记,常请校长帮忙写宣传栏上的标题字,还请他教我钢板刻字和使用油印机。

实行土地联产承包制后,村民吃饱穿暖,住房条件得到改善,学校条件也跟着好了起来。教室砖石到顶,加建走廊,桌椅、讲台全部改为木质。门窗比过去牢固,放学后学生的凳子不用再搬回家。校容校貌犹如庄稼人的日子,从贫困一步步走向富裕。

20世纪90年代中期,国家要求用3年时间实现"双基"目标——基本扫除青壮年文盲和基本普及九年义务教育。不仅要增加校舍,配备专门的图书室、阅览室和器材室,还要提高建筑质量,不能有危房。政策规定"村有村管,谁受益谁负担",允许在"三粮六钱"中增加一定比例集资办学。层层签订责任状,实行一票否决制。如期完成任务的,政府还会给予财政补贴和奖励。

村支书看到有的农户住上楼房,动了心思,做出三年行动计划。教室不够,他就一边暂借民房使用,一边筹款备料,保证上级验收时学生能在楼房里上课。那时的农村工作开展起来很困难,筹粮筹款绝对算一个大困难。把学校建得漂亮些没有人反对,但要一家一户掏腰包,还得村支书苦口婆心耗精力。村干部带头交,党员做榜样,亲友跟着来。少数农户有抵触心理,村干部便轮流上门做帮工,插秧、脱粒、扬场,到饭时嘻嘻哈哈坐上桌,得闲再磨交款事。好主意和笨办法一起用,才使第一年预计的款项足额征收上来。第二年稻麦进仓后,村支书接着做动员,不达目标不松劲。出售几条圩堆上的成材树木,自己采伐,自己装运,节省人工费。村组干部家里养的猪牛羊卖钱后都借给村里。

我当时在县里工作,也积极地和在外工作的校友联系,鼓动他们捐助资金和图书，力所能及地奉献爱心，其中还意外得到了一笔外援。苏州吴县（今吴中区和相城区）和灌南县是省定南北挂钩帮扶单位，他们乡镇和部、委、办、局都有具体任务。那年，县委派我去挂职。其间，我得知该市对台办公室账上储存了一笔款项，是台胞倪赫先生捐赠的，明确只能资助困难中小学校舍建设，而当时的吴县已经高标准完成基建任务，捐款挂账很长时间都花不出去。我登门拜访台办负责人，建议用到我县教育上。后该负责人专程来我县考察，和县教育局商定资助三所中小学，其中就包括颜马小学。内外合力，颜小先后盖起了两幢三层教学楼，相隔几里路也能看到它十分显眼的房顶。近前，校内新铺的中心路连着乡道，宽阔平坦，花木相间，生机盎然。竣工时，县教育局和镇里主要领导出席了庆祝仪式，村民敲锣打鼓，鸣放鞭炮。经过考核评比，颜小跃入一流村小行列。

后来我到市区工作，村班子成员来看我，告诉我颜小已连续多年被评为"先进单位"，奖状牌匾挂满半面墙。我带他们去孔望山景区游览，合影照上特地注明"颜马小学校友留影"。

颜马村原有 14 个生产队，户籍人口 3000 多，孩子以往习惯就近入学，本来是规模较大的村级小学。随着城市化步伐的加快，越来越多的孩子跟着父母到打工地读书，或者被送到城里读书。颜马小学的生源逐年减少。不久，由远及近掀起了乡村学校撤并风潮，颜马小学也在其中，校园成为闲置资产，先后被改作村党群服务中心和卫生室，学校特征不复存在，只有"倪赫先生捐建"的纪事碑还镶嵌在楼外墙体中。社会进步不可阻挡，但父老乡亲对教育的付出和期盼，会长久留在我的记忆中。

（窦延忠）

往事追忆

村部变迁曲

  提起李集镇小垛村的历史，得追溯到久远的过去。据说，如今灌南所在的地块，最古老的称谓是"东海上"，也就是说，这片土地原来是一片茫茫大海。斗转星移，"东海上"成了滩涂，大自然鬼斧神工地构筑出硕项湖。茫茫无际的湖中出现些许土堆，小垛（垛，即水中的土堆）即是其中之一。也许从洪武赶散之时起，也许在更早时间，移民从南、北抵达灌南时无处安身，无奈之中涉湖登垛，割芦去苇，垦地耕作，与湖谋生，日复一日，年复一年，经天事、斗灾难，人气益盛，造就了历史上的小垛。

  时间是岁月的操盘手，硕项湖水经过岁月的围堵后渐渐干涸。康熙年间，碧波万顷的硕项湖成了陆地，小垛也不再是湖中孤垛，而成了陆地的一个组成部分。但由于地处淮河、沂河、沭河、泗水下游，硕项湖成了天然的"洪水走廊"。有史记载，从康熙年间到民国时期，再到中华人民共和国成立前夕，海水倒灌，洪涝频繁，平地行舟、汪洋一片是常有的事情。直到中华人民共和国成立后，水涝才被制服。小垛经历了成乡、异县、换市和变村，像一枚玉石，被岁月打磨得愈发富有光泽。

  20世纪60—70年代，村部的北面有一条横贯东西、向东在费口注入六塘河的界沟，水深草密，状若曲龙，将小垛分为圩南与圩北两部分。一座木桥吱吱呀呀地连着南北。村部西边有一条南北灌溉河，俗称"中大沟"，向南流入老灌云与老涟水的县界河（古时流入县界河南边的海州圩）。圩界河与县界河相连，河水夏涨冬落，堤柳依依，水鸟偶飞，鱼虾潜游。而河上那座通往村部的必经之桥，则是村民聊天、纳凉、听书的好去处，所有的疲惫、烦恼都在随性的吵谈里，在《瓦岗寨演义》《薛仁贵征西》等鼓书里消淡、褪去。村部中间是一条沙土大道，足有四五米宽，道路两旁架着八盏路灯，高高的。一到晚上，灯便会亮起，将道路照亮。道路两旁栽着法桐，有10多棵，粗粗的，叶如纸扇，籽如粗球，像成百上千的铜铃挂在叶间枝里。村部左前方，有带锯厂，整天机声隆隆，左后方的油坊、右侧的加面厂也是忙个不停。村部后面还有一个露天戏台，戏台上有一盏俗称"小太阳"的高灯，几里之外都能看到它耀眼的光芒。彼时的小垛有自己的村级剧团，能自导自演《奇袭白虎团》《智取威虎山》《红灯记》等诸多传统戏目，土生土长的像倪庆荣、倪尔明、史洪年等演员演得有板有眼。如此一来，小垛的名声也渐传渐远，惹得左邻右村羡慕不已。

20世纪80年代，村部开始南移。在小垛小学的西侧，一片药材地里盖起了一个四合院，四合院的地标建筑就是东部的会堂。会堂大到能容纳300人之多，而且里面竟然没有一根柱子，这在当时可是破天荒的事情。这已称得上了不起了，村委会还在村部的西南方，规划种植了20多亩的果树。春天，桃林红红一片，远远看去像云儿落在小垛。桃花开过，便是梨花，白白的，像一片白雪。

村部四合院盖完以后，村里经常性地将县淮海剧团请来演出。那时淮海剧团的台柱演员汪敏、叶志林等都来过村里演出，其当红节目《樊梨花点兵》《穆桂英挂帅》等被逐一搬上舞台。后来，村部又放起了电影，尤其是《少林寺》的放映，更是吸引了四乡八村的百姓，小垛村部变成了热词。随着小垛轮窑厂和酒厂相继开张，多个村级企业出现，村部的腰杆更加挺直了。一时间，小垛驶入了发展的快车道，赞誉声接踵而至。后来，每到年关，或是农闲，村部的广场如同偌大集市，人流如织。到了20世纪80年代末期，村部才慢慢地安静下来，到现在只剩下了废墟。有时我回村还会情不自禁地来到"遗址"，但见草丛中还有一两片瓦砾，或者三两块碎砖，似乎在诉说着历史的沧桑。村部旁的桃、梨之林在经历了分田到户之后，渐渐地被砍伐殆尽，取而代之的是形态多样的农家楼房。

进入21世纪，村部另建，在"遗址"的西北，一幢300平方米的二层小楼拔地而起，虽然没有院墙，但楼前的广场硕大，还有高高飘扬的国旗。村部的前方,一条横贯村南的马路两侧,千亩花木园已成气候,成为村民们茶余饭后散步闲观之地。花园的前方,是古老的县界河。如今,虽然源头八尺沟近乎枯竭,但经过疏浚,小垛地界的河水清清,河边还建有观光长廊,是村民们的休闲好去处。

进入村部,办公室、会议室、调解室等分列其中,办公设备一应俱全,尤其是村史室已见雏形,村志也已成书。小垛,正迎着新时代的步伐,昂首前行。

(倪庆忠)

地名探究

- 灌南红色地名

- 大怀庄

- 奋二庄

- 硕　湖

- 万　圩

- 陈　庄

- 闸　北

- 小西湖的变迁

- 石头路的由来

- 灌河岸边"队"名的由来与演变

- 灌南带有"墩"的村庄名追溯

灌南红色地名

灌南建县至今虽仅有60余年时间，但灌南这方热土是淮海地区乃至整个苏北重要的革命老区之一。早在1928年，这里就建立了党的组织——中共新安镇特别支部。此后，在中国共产党的领导下，灌南大地上数以千计的共产党人、工人、农民、知识分子和爱国志士为了国家独立、民族解放和社会主义建设，献出了青春和生命。他们有的在硝烟弥漫的战火中血洒疆场，有的在敌人的刑场上英勇就义，有的为保护人民的生命财产壮烈牺牲，有的为维护社会秩序光荣殉职……他们用热血浸染着锦绣的海西大地，用生命谱写出壮丽的乐章。为了缅怀先烈，激励后人，灌南的一些地方采用了革命烈士的英名来命名。如今，他们的名字在地图上很少再现，然而在历史的长河中，这些红色地名永远熠熠生辉，他们永远是灌南人民的骄傲！

曙红区——汤曙红

汤曙红，原名汤宜秀，1915年出身于江苏省灌南县汤沟镇汤沟村一个没落的地主家庭。1929年，他以优异成绩考入淮安中学，两年后转入上海正风中学，后转入东海师范就读。上学期间，除奋发学好各门功课外，他还广泛涉猎进步书籍，寻求救国救民的真理。为表达雪洗国耻、振兴中华，给家乡带来火红曙光的志愿，他在1933年毕业之前改名为汤曙红。

1939年4月，八路军山东纵队陇海南进游击支队第三团成立，汤曙红任团长。他们在东灌沭地区打日寇、歼伪顽，既激怒了日本侵略军，也引起了国民党沭阳县县长夏铸禹和沭阳县常备大队长王绪五的恐慌不安。这一年7月16日，王绪五指派"杀人魔王"周法乾，在汤沟附近的连五庄向群众催粮逼款，故意制造事端，激起连五庄人民的奋起反抗。而王绪五则以连五庄群众抗粮、蓄谋暴动为借口，关押了部分群众，占领了三团后方基地汤沟。随后，王绪五以谈判解决连五庄群众抗粮为由，派人给正在张店孙二庄指挥作战的汤曙红送信，要他火速赶回汤沟，共同处理"连五庄群众抗粮问题"。汤曙红接信后，考虑到汤沟是三团的后方基地，很多战士的家在汤沟、连五，如果不去，势必使问题复杂化。很多同志劝他不要去，担心敌人会下毒手。但汤曙红一心想着连五庄党员和群众的安危，并且认为当时正处于国共合作时期，该从大局出发，于是毅然叫人备马，渡过盐河。可是刚到汤沟不久，汤曙红就遭到周法乾的毒害，年仅24岁的八路军团长、东灌沭地区人民抗日的领头人就这样倒在了血泊中。

"汤沟事件"后，为避免更大损失，三团被迫西撤。如此一来，反动派的气焰更加嚣张，但灌南地区的人民并没有被国民党顽固派的淫威吓倒。在党的领导下，他们坚持和国民党顽固派进行斗争，积极投入抗日洪流。为揭露国民党顽固派的反革命嘴脸，进一步激发人民群众的抗日斗志，党组织决定对汤曙红烈士进行公葬。1942年9月13日，汤曙红烈士公葬委员会发表"启事"，由李一氓、张克辛、丁慎之、孙笃生等12名委员署名。"启事"历述了汤曙红烈士在坚持东灌沭地区开展抗日游击斗争中的功绩，号召广大人民加强团结，掀起新的抗日高潮。为纪念汤曙红烈士，1945年，中共灌云县委决定建立曙红区。1956年，白皂初级中学在白皂沟创办，同年6月，灌云县人民委员会决定，将白皂初级中学命名为曙红初级中学。1957年年底，撤区并乡。曙红区撤销后，原辖的乡合并为曙红、海亭、李集三乡。1957年12月21日，国务院批准灌南建县，曙红乡等由灌云划入灌南，1958年3月1日，灌南县正式挂牌办公。1958年9月，曙红乡更名为曙红人民公社。1960年3月，曙红人民公社更名为白皂人民公社。中华人民共和国成立后，灌南和沭阳两县还有一些叫曙红村、曙红小学、曙红路、曙红桥等的地方，这些都是以汤曙红烈士的名字命名的。

锡恩区——陈锡恩

陈锡恩，1919 年出身于灌云县莞南乡陈老庄（现灌南县新集镇陈刘村）一个较为富有的塾师家庭。1937 年秋，陈锡恩考取灌云县新安完小。在校读书时，他主动约有志青年去新安镇及附近乡村散发抗日传单，进行抗日演说，积极参加抗日救亡活动。1941 年春，陈锡恩任涟东县三区民运科科长。1943 年年初，陈锡恩任涟东县抗日最前哨的晏庙区区委书记兼区长。1945 年 5 月中旬的一天，陈锡恩率领区队部分民兵北上，准备痛击下乡抢劫的新安镇伪军，在战斗中不幸牺牲，年仅 26 岁。

为纪念陈锡恩烈士，应广大干部群众的要求，中共涟东县委、县政府于 1945 年 7 月将晏庙区更名为锡恩区。锡恩区下辖永留、莞南、丈西、北洋、清泉、沿港等乡。原涟东县三区区委书记薛会友说："陈锡恩不仅是我们老三区的骄傲，也是灌东南人民的骄傲！"1949 年，锡恩区下辖塘河、永留、莞南等 12 个乡。1954 年，锡恩区被撤销，锡恩区原下辖的 12 个乡分别划归百禄区和五港区。

苏光乡——苏光

苏光，原名陈德芳，字星光，曾化名方德成，1919 年出生于灌云县板浦镇，1940 年参加革命后，改名苏光，寓意只有苏区才有光明。1946 年年初，苏光调任灌云县委秘书兼党支部书记，成为县长钱天素的得力助手。

1946 年 6 月，国民党反动派撕毁重庆和谈协定，集中数十万兵力侵犯苏北解放区。我主力部队从南通、盐阜、淮海地区撤出，北上山东。一时间，反动派气焰十分嚣张，国民党两淮盐务局商巡总队徐继泰部大举侵犯我解放区，地主土顽武装多次暴乱，狼烟四起，斗争激烈，十分残酷。为了侦察边沿地区的敌情，同年 9 月 3 日，我二团作战参谋彭俊带领几名侦察员，与苏光及其警卫员徐耕田，骑自行车带短枪前往田楼区署，当日下午完成侦察任务后即刻返回。在途经田楼陈七圩庄头时，遭到地主武装突然袭击，因寡不敌众，在且战且退时，苏光壮烈牺牲。苏光牺牲后，浮柩暂厝于陈集区毗芦庵。1947年1月，国民党反动派卷土重来，商巡总队所属蒲应龙部窜入毗芦庵，惨无人道地将苏光的棺木、遗体毁尽。中华人民共和国成立后，灌云县人民政府做出决定，将板浦原乡师旧址上的新民小学命名为苏光小学，将苏光的出生地命名为德芳居委会，将苏光牺牲的所在乡命名为苏光乡。

苏光乡原属田楼区。1957年年底，撤区并乡，田楼区改为苏光乡和树德乡。1958年灌南县正式挂牌办公，苏光乡划入灌南县。同年9月，苏光乡更名为苏光人民公社。田楼中学曾改名叫苏光中学。1962年2月，苏光乡改为田楼公社。

海亭乡——帅海亭

帅海亭，1921年出身于灌云县六塘乡新河村（现灌南县李集镇兴杨村）的一个农民家庭，1945年8月加入中国共产党，曾任村农会会长、灌云县曙红区六塘乡乡长等职。

1947年1月6日，蒋介石嫡系部队黄百韬兵团五个整编师相继占领佃湖、五港、大新集和新安镇一带。新安镇的敌军迅速在盐河上架造浮桥，准备向盐河西侧大举侵犯。1月7日夜，驻扎在新安镇的国民党部队突然包围六塘乡民主政府驻地大封庄（现孟兴庄镇境内），乡长帅海亭率领十多位民兵奋起抵抗，他们利用熟悉的地形和来犯之敌周旋。天快亮时，民兵的子弹已快打完，帅海亭命令民兵突围。天亮了，突围民兵均已冲出敌人的包围圈，而帅海亭因掩护民兵弹尽被捕。敌人把帅海亭押到新安镇，以高官厚禄引诱他，要他供出区、乡干部的名单和民兵的去向，帅海亭严词拒绝，并历数国民党反动派祸国殃民的滔天罪行。负责审问帅海亭的敌营长恼羞成怒，使用灌辣椒水、煤油，坐"老虎凳"等酷刑逼其招供，但帅海亭仍毫无惧色，拒绝回答，怒骂敌人。后来，敌人将他押赴刑场枪决，帅海亭沿途高呼："中国共产党万岁！打倒国民党反动派！"从容就义。

时任灌云县县长的钱天素曾写诗赞曰："每许诸人有节操，坚持敌后立功劳。奋身守土涂肝脑，凛凛英风毕竟高。"为纪念帅海亭烈士，灌云县人民政府将帅海亭工作过的六塘乡改为海亭乡。1957 年，撤区并乡，海亭乡保留。1958 年，海亭乡更名为海亭公社，1960 年 2 月，海亭公社更名为兴庄人民公社。原海亭中学也更名为兴庄中学。

树德乡——陈树德

陈树德，出生年月、出生地不详，任灌云县田楼区区队长。1946 年 7 月以后，灌南境内曾发生了为期近两个月的反革命动乱。1946 年 8 月 25 日晚上，五队村 10 余名暴徒，将五队村村长（今改称"村主任"）赵长流，村干部周荣桂、陈洪山、孙永来等人抓走。区队长陈树德闻讯，当即带领 30 多名队员前去援救，暴徒见我区队人多势众，便丢下被抓人员，慌忙逃跑。这些暴徒连夜跑到五队西大塔，和地主陈锦凡等密谋后，连夜集中 150 多人，在取得陈家港海匪魏七的支援后，共集结 200 多人，在魏七的带领下，于五队街西小赵庄和我田楼区队交火。战斗中，田楼区区队长陈树德身先士卒、英勇战斗，不幸壮烈牺牲。

中华人民共和国成立后，为纪念陈树德同志，中共灌云县人民政府将五队村命名为树德乡。五队中学也曾一度改名为树德中学。1958 年，树德乡划入灌南县，更名为树德人民公社。1959 年，树德人民公社更名为灌河人民公社。

永志乡——李永志

李永志，1925 年 8 月出身于灌云县第四区小港村（现灌南县堆沟港镇头队村）一个贫苦农民家庭，1942 年 3 月参加革命。1946 年 8 月，一些反动地主纠集地方土匪、流氓、还乡团在小赵庄发动反革命暴乱，妄图颠覆人民政权。时为小港乡民兵中队长的李永志接田楼区委命令，带领民兵前往小赵庄镇压暴乱，因敌众我寡，李永志在战斗中不幸中弹牺牲。中华人民共和国成立后，人民政府为纪念李永志烈士，把他出生地所在乡改为永志乡，并设立永志小学。永志乡后改为永志村，属原五队乡。

立宇乡——周立宇

周立宇，1922 年生，中共党员，孟兴庄镇板沟村人。1942 年参加革命，任新四军三师十旅四支队连指导员。1943 年 4 月，周立宇参加新四军对日伪的夏季攻势，进行反"扫荡"，其所在部队用围点打援或长期围困的方法与敌斗争，先后攻克胡集、钱集、汤沟、老张集等 35 个据点。经过一年多的反"扫荡"、反蚕食、反伪化的艰苦斗争，至 1943 年冬，除高沟、杨口两据点外，部队共攻克据点 50 余个（有的是两次攻克），根据地的形势发生了重大变化，基本上恢复到日伪"扫荡"前的态势。1944 年 4 月，周立宇参加淮海军分区部队发起的高杨战役，历时 16 个昼夜，攻克淮海根据地东部据点——高沟、杨口，击溃涟水、新安镇、响水口等地日、伪军的 6 次增援。1945 年 8 月，在涟水县秦西圩作战中，周立宇壮烈牺牲。中华人民共和国成立后，人民政府为纪念周立宇烈士，把他出生地所在的乡改为立宇乡。1957 年，撤区并乡，立宇乡并入曙红乡，原立宇乡改为立宇村。1958 年，立宇村改为立宇生产大队，属曙红公社。1960 年，曙红公社更名为白皂公社，立宇大队归属白皂公社。1965 年，立宇大队更名为板沟大队。1983 年，板沟大队改为板沟村。2002 年，孟兴庄乡与白皂乡合并，设立孟兴庄镇，板沟村改属孟兴庄镇。

法三村——张法三

张法三，1925 年出生于新安镇曹庄村（原涟水县灰墩区复兴乡），1945 年参加乡抗日自卫队，1947 年加入中国共产党，任硕湖乡副乡长。1948 年 5 月，中共涟水县灰墩区委为了分化瓦解国民党的地方势力，决定利用张法三和硕湖乡反动保长周法保、保丁钱存涛的亲戚关系，劝说周法保、钱存涛弃暗投明。接受任务时，张法三深感任务的艰巨，因为他知道周法保、钱存涛都是愚顽不化的反动分子，但是组织的决定必须执行，张法三一口答应了。5月中旬的一天晚饭后，张法三带领两个民兵来到反动保长周法保家，向周法保及保丁宣传华东及全国战场国共两党两军之间的斗争形势，要他们弃暗投明，站到人民一边来。未等张法三把话说完，周法保就恶狠狠地说："你不要以为我们是亲戚，又住在一个村，我就会投降你们，那是不可能的，只有你投降我们。否则今晚你就别想活着出这个门。"几个保丁气焰嚣张地向张法三围了过来，张法三一看形势不妙，当即拔出盒子枪顶住周法保，并示意两个民兵快撤。两个民兵撤到屋外院子里，张法三也一个箭步向院子内冲去，可是保丁的枪响了，张法三当即倒在血泊中，再也没有起来。

1949年，涟水县人民政府为纪念张法三烈士，将张法三所在的村命名为法三（山）村。村小学命名为涟水县复兴乡法三小学。1957年，涟水县复兴乡法三小学更名为涟水县硕湖乡法三小学。1958年，涟水县硕湖乡法三村划入灌南县，更名为灌南县硕湖乡法三村；9月，更名为灌南县硕湖人民公社法三生产大队；1959年，更名为灌南县第一农场法三生产大队（工区）；1963年，更名为灌南县良种繁育场红星生产大队，法三小学更名为灌南县硕湖乡红星小学。1981年，灌南县良种繁育场红星生产大队更名为灌南县硕湖人民公社红星生产大队。1983年，硕湖人民公社红星生产大队更名为硕湖乡红星村。2000年，硕湖乡并入新安镇，硕湖乡红星村更名为新安镇红星村。2003年，红星村撤销，并入新安镇曹庄村。2009年，红星小学因布局调整而撤销。

秀华村——孙秀华

孙秀华，1920年生，中共党员，新安镇大胜村人。1943年参加革命，任涟水县灰墩区教导员。1945年春，日伪军虽然已感到末日将临，但依旧在垂死挣扎。2月6日夜间，涟水时码日伪军突然袭击灰墩区的仓南乡、长乐乡。孙秀华组织灰墩区队一连、二连和乡联防队火速前往救援，并在孙前圩将敌人击退，救下几十名群众。灰墩区队打退南来之敌后，还未来得及吃早饭，新安镇日军一个分队、伪军一个团，以及汪石桥、奋二庄伪军一个大队又从北向南推进，企图与时码之敌合击我灰墩区委。区教导员孙秀华带领区队战士又迅速迎敌，占领了张郑庄到老单庄之间的一条东西向三四里路长的战壕。凭借战壕掩护，他们打退了日伪军的十几次冲锋。后来，日伪军因怕夜战，匆忙收兵退回据点。8日晚，灰墩区队、联防队、基干队、涟水武工队配合四支队对奋二庄据点实行包围，在火力进攻和政治攻势下，仅用三个小时就攻占了奋二庄据点。奋二庄据点被拔除后，驻守在汪石桥据点的日伪军慌忙弃据点北逃，暂时龟缩回新安镇据点。3月7日晚，涟水警卫团对丁头庄、新安镇之敌实行警戒，并向肖大桥、汪石桥守敌发起攻击，吓得肖大桥、汪石桥据点的敌人不敢露头。为了摸清敌人的动向，灰墩区教导员孙秀华乔装为群众，深入新安镇侦察敌情，不幸被敌人识破，被捕牺牲。中华人民共和国成立后，为纪念孙秀华烈士，其出生所在地的村被更名为秀华村。

长流村——李长流

李长流，1925年生，1945年参加革命，任三兴村村长。1946年10月，国民党还乡团下乡清乡时，李长流率领的民兵被敌人包围，李长流在突围时被国民党还乡团杀害。中华人民共和国成立初期，为纪念在解放战争中牺牲的李长流烈士，三兴村被灌云县政府命名为长流村。1958年，灌云县树德乡长流村被划入灌南县，更名为灌南县树德乡长流村；9月，更名为灌南县树德人民公社长流生产大队。1959年，更名为灌南县灌河人民公社长流生产大队。1960年，更名为灌南县五队人民公社长流生产大队。1983年，更名为灌南县五队乡长流村。2013年，原五队乡撤销，并入堆沟港镇，灌南县五队乡长流村更名为灌南县堆沟港镇长流村。该村是全县唯一一个目前仍以烈士名字命名的建制村。

吴书中学、吴书小学——吴书

吴书，1915年出身于灌云县大吴湾（现灌南县新安镇大吴村）

的一个农民家庭。1930年，吴书考取江苏省立连云港水产学校师范班，毕业后担任小学校长。卢沟桥事变后，由吴书担任校长的小学被迫停课。面对强敌入侵，国土破碎，吴书义愤填膺，欲投身抗日救亡活动中。1938年1月10日，正是农历腊月初九，吴书参加了当地抗日团体"腊九社"，并成为骨干。1939年2月，吴书加入中国共产党。1939年4月，东灌沭（即东海、灌云、沭阳）一带的抗日武装被改编为八路军山东纵队陇海南进游击支队第三团，吴书任三团二营教导员。1939年7月，三团团长汤曙红被国民党反动派阴谋杀害后，三团被迫撤离东灌沭地区，吴书率部随团西进。同年11月，吴书在随部队西进途中，被组织派回家乡，担任中共灌云县委组织部部长，次月担任中共灌云县委书记。1940年8月，八路军主力部队挺进淮海地区。吴书抓住这个机会，率领地方抗日武装组建滨海大队，吴书兼任大队政委。1945年4月，吴书调任新组建的新四军三师独立旅二团政委。同年冬，吴书转战东北。1947年，吴书担任一一七师政治部主任。平津战役结束后，他率部挥师南下，从河北打到湖北，从湖南打到广西，取得无数次战斗胜利，迎来新中国的解放。1950年抗美援朝战争爆发后，吴书所在部队赶赴战斗前线。1951年2月，吴书所在部队接到任务，到敌后切断敌人逃跑的退路。1951年2月10日晚，部队遭到敌人空中封锁，敌机疯狂地向他们扔炸弹。吴书不幸负伤，倒在血泊之中，最终因伤势过重，抢救无效，献出了年仅36岁的生命。1956年，灌云县张湾中学建校，为纪念吴书烈士，同年6月，学校更名为灌云县吴书中学；1958年灌南建县后又改为灌南县吴书中学；20世纪60年代，学校复名为灌南县张湾中学。此外，吴书家乡的大吴庄小学，曾被改为吴书小学。

英雄的故事代代相传，烈士的英名永垂史册。

参考文献：

1. 中共灌云县委党史办公室：《中共灌云县地方史（第1卷）》，中共党史出版社，2006，第254页。

2. 中国人民政治协商会议江苏省灌南县委员会文史资料研究委员会主编《灌南县文史资料（第 2 辑）》，内部刊印，1987，第 70 页。

3.《江苏人民革命斗争群英谱》编委会编《江苏人民革命斗争群英谱：灌南分卷》，江苏人民出版社，2001。

（苗先锋　嵇会成）

大怀庄

秋日,一个人骑电瓶车去大怀庄,这绝不是一时兴起,而是冲着"怀家渡"而来的。

《新安镇志》载:怀家渡,在镇东莞渎河莽留庄、怀家庄东,莞渎南,接佃湖。该镇志还载:莞渎河在镇东南莽留庄,因为下通莞渎故名。

潜意识中,我一直以为这条古老的莞渎河早已消失,河道淤塞之后变为农田、林地、村庄等。当行走在大怀庄的田间小道时,看见一大片鱼塘,就以为是它的遗址,很是惊喜。询问了塘边的住户,他告诉我,大汪塘南岸才是古莞渎河。

走到河边,我大吃一惊,没想到莞渎河居然还"活着"。它宽约30米,蜿蜒1000余米,两岸树林掩映,河边杂草没膝,几处蒹葭苍苍。尽管已是风烛残年,但绝不是苟延残喘的模样,它古朴、静谧,依旧有大河的气度,即便今日深阔的郑于大沟、秀美的周口河等也无法与其相比。有几位钓鱼者端坐在岸边,临河的大田里有几台小手扶拖拉机、收割机,十来个身影……一个城郊的小村竟展现出了一幅"内隐渔樵活画图"。又从村道几度绕行到河边,残河之尾已为两三片鱼塘。

听人说,村中的老会计最了解村事,于是我在热心的怀家人的带领下,登门拜访了老会计。老会计家院子很大,普通人家光景,东墙上的几十张奖状让满屋生辉。老会计名叫怀校章,80多岁,身体很结杠,也很健谈。在攀谈中,我才得知大怀庄已有300多年的历史。怀家渡是怀家人所设的渡口,因为在怀家庄,故得名。而当年负责摆渡的是一个外乡人,姓毛,是怀家的一个伙计。今莞渎河对岸有个小村庄,叫崔庄,崔家人也曾在莞渎河上摆过渡。

老会计说，怀氏新家谱是怀长洪主持续编的。怀长洪，十几年前我就认识他，和他还有过几年交往。他毕业于南京师范大学，时任灌南县委党校行政科科长，给我的印象是正直、忠厚、勤劳，工作一丝不苟。怀科长退休后，就住在村里。老会计又带我到田头，找到了正在种麦的怀科长。见面时，我握住他那双十分粗糙的手，感受到一种老友久别重逢的温暖。

站在田埂上，几个种麦人都围了过来，我们又从怀家渡谈起。老会计和怀科长都说怀家祖坟就在脚下的大田里，而怀家渡的渡口在东还是在西，说法却不一，毕竟怀家渡是100多年前的事了。旁边一位妇女说，要是某某太爷还在，没有他不晓得的。言者无心，听者有意。一庄的历史、乡贤、传统家风……怎样才能一代代传承下去呢？这是当下乡村振兴必须重视的一个课题。

我想，旧时人家，修谱立传不光是为了水源木本、昭穆有序，也是为了树立良好的族风、家风，把世代美德发扬光大。归来之夜，沐手之后，我虔诚地拜读《怀氏宗谱》，内心很是激动、惊讶。手中的《怀氏族谱》续修于2013年，和老谱十分衔接，谱序从清朝康熙、光绪、民国到当今，人物、家风彰显"耕读"二字，为人处世注重和睦邻里，谱牒词句典雅、通达，从字句之间就能读出一个小姓家族积极前行的步履。怀姓溯自姬姓，在全国属小姓，但在新安镇却是人丁兴旺，有千余口之多。今大怀庄在新东村一隅，紧邻的新集镇还有怀庄，灌南人习惯称之为小怀庄。民国时期，海属地区的"大怀兴暴动"载入史册，此大怀兴位于三口镇，据说村里没有一户姓怀的，追根溯源，清朝时它是怀姓人家的一个客庄。

这支怀氏为"一龙堂"，奉怀荣之为迁海始祖。几百年来，怀氏一族每得荣耀，康熙年间，海州李州尊旌其匾额"一龙清光"；雍正年间，海州正堂焦公赠匾额"志坚金石"。关于大怀庄、怀家渡的来历，《怀氏族谱》记载得简洁明了：

明崇祯三年五月闯兵至，人丁散处，荣之公自苏州阊门惠五并附二里三甲，迁至扬州，复由扬州转迁海州新安镇莽留庄，遂于家焉，请海州赵州尊载入版图，永为良民，耕读教子……追荣之公迁海，本吴地旧族之祖德，发展朐阳之家声，此乃无忝于先人也，至万志公于莞渎河北岸古渡口，兴基立业，创置田产，有百万豪富之誉，克勤克俭，最重人伦，周邻里之急，辅朋侪之难，是以村落绵绵，子孙繁衍，于以知万志公积之厚流之光也……

怀家渡之名大抵始于怀万志发达之时的康熙年间，乃至更早的顺治年间。旧时有童谣唱曰："海枯石不烂，穷不了怀百万。""驴驮钥匙马驮锁，哪天穷得了怀家哦……"如今怀家人依旧长幼有序、崇尚耕读、自强不息，不正是因为有良好的家风传承吗？

"为问沧桑处，经今几百年。"站在残存的莞渎河边，遥想着历史上的这一条大河，让人感慨不已：古老的怀家渡口那一叶渡舟早已成为一个遥远的背影，曾"可行巨舟"的莞渎河也无法"门泊货郎船"了，渡客、艄公和那船橹的欸乃声……都成了史家的记忆、诗家的绝唱、农家的梦境。

行文结束，翻看手机照片，古莞渎河畔，秋色犹浓，大怀庄的田野中人们秋收秋种正忙。

参考文献：

冯仁宏：《新安镇志》，灌南县地名办翻印，1981，第7页。

（武红兵）

奋二庄

奋（hǎ）二庄曾是灌南县原硕湖乡政府驻地，明清时，这里为安东县之境。多年来，乡人一直误读为"侉（kuǎ）二庄"。

金元烺《安东县志》载：奋二庄桥，在渔场镇官路口，去治七十里，嘉庆十一年武举张元度建。嘉庆十一年，即1806年。由此可见，奋二庄之名由来已久。昔日的村庄还处在南北官路口，可见其地理位置之优越。据民间传说，村庄最早是由两个"奋子"渔民在此兴建，故名奋子庄，又名奋二庄。

读者如果要问，奋二庄何时开始有人烟的？这个具体的时间实在是无法考证了，但是探究县境600多年的人口迁徙历史，诸姓始祖从九州各地迁海、迁涟、迁沭，可谓各有其因。有因"洪武赶散"，从苏州府阊门、常州府无锡迁此的周、惠、刘、管、段、金等姓；有逐渔盐之利，后来立市建镇的徽商汪、程、王、方、赵等姓；有避兵燹水患，从山东而来的孟、杜、于等姓；有从山西、常德、桃源一路辗转而来的武姓；还有从山西洪洞县大槐树镇迁来的王、阎等姓。

"奋二庄，包、罗、张"，说的是庄上的三大姓氏。听人说，原灌南中学副校长张乃武就是这庄人，不知他家的谱牒中是否记载了修桥者——武举张元度的名字？疫情防控小区门前值守任务刚一结束，我就去灌中家属区拜访张校长。我与张校长先前就很熟识，他是教育名家，桃李满园，为人厚道，全庄人都称赞他。他听说了我的来意，说家谱放在老家，抽空就去取回。

待到周日，再一次去奋二庄，又有一番别样的感受。归来之后，我乘兴又去拜访了张校长，终于见到了这本梦寐已久的鸿德堂《张氏支谱》（四宗支）。

据原谱序云，张氏世居苏州北门，元末始迁安东，祖景公生子钦、钹、铣、镗、钩五人。值明成化年间大水，家族又迁居泗州凤阳，十年之后，唯有张钹携母回迁安东藕池之北张官荡，此亦张官荡名之始。谱中有天鹅荡之名与《安东县志》所载相互印证。

谱系记载，张氏第八世开始迁居畲二庄，而造桥者武举张元度为迁涟第九世。古时私人造桥多为积德行善之举，备受世人敬重。此志书还载，鱼昌口镇的汪石桥也是武举张元度修建的，其遗址在今渔场村，至今村中还有一个叫"汪石桥"的小庄子。

几百年来，畲二庄的张姓迁始祖只是九州大地人口迁徙大军中的一支极不起眼的小分队，与其地方的姓氏人家一样，建庄耕种，繁衍生息。村庄之名因为有一个冷僻的汉字——"畲"而被人们时常提起，进而成了一个鲜活的历史人文地标。

曹广国老先生是我高中时的老师，硕湖村人，祖籍山东曹州，毕业于南京体育学院，大潮吟诗社副会长，今年80多岁，精神矍铄，律句时新。听曹老师讲，在他小时候，畲二庄是一个乡间集市，街上有一座道庵，每年农历三月二十八日节会，街上就非常热闹。但是此庵在古今的志书中都不见记载，大约是清末民初所建的一座规模很小的庙宇吧。当年畲二庄街上有一个冯铜匠，是从新安镇搬来的，用嘴吹灯火锡焊，而或做铜耳环之类的首饰，生意很好。这是一幅旧街景的剪影，也是一代人心底泛黄的记忆。我不由得在心间比较一番，几十年来，一直摆在外贸大楼前，那个通宵营业的油条摊又是多少人的小城记忆？但听张乃武校长说，他记忆中的冯是个银匠，还说旧时路东有一个油坊，故名油坊庄。原来如此，我仿佛看到了一滴滴豆油从豆饼上被挤出，又似乎闻到那浓郁、醇厚的油香味。

乡村集市的繁荣主要得益于地理位置，水陆交通要道口是集市繁荣的先决条件，而建制乡的驻地对一个集市的发展具有无可替代的影响力，如县境的张湾街、小窑街便是如此。硕湖乡驻此的几十年可谓畲二庄最为高光的历史时期。

2021年的一个冬日午后，阳光煦暖，我特地来到畲二庄闲看。道口的小街车来人往，很是热闹，但是转到街后，昔日的几个单位院子的断垣残壁静静地矗立在那里，让人不忍联想到"荒园一种相思草，占断朱门昔日春。"这里早已不复旧时的繁华景象了。题外话，乡镇撤并已有几十年了，而一些单位的旧产一直任其荒废，实在是可惜。

再一次去奋二庄，已是次年的初夏。老庄中有一个大水塘，水塘并不规则，疑似旧时的河道残留下的。一只水鸡悠闲地站在水面的一团浮草上，让人顿感乡间的宁静，时光仿佛停滞下来，一如陆放翁诗云，"地偏草茂无人迹，一对茭鸡下绿阴"。塘边担水的老人叫包孔翠，今年86岁，当过兵，耳不聋，眼不花，对儿时的事记忆犹新。他说，门前的这段几百米长的小路，便是民国时的奋二庄街。街北边有伪军的炮楼，炮楼的遗址就在张乃武先生家的老宅上。当年伪军的头儿叫王永宁，他赶走了张乃武的上人，强占院子，建起了一座小炮楼，称霸一方，欺压百姓。民国时期，这里曾发生了一场激烈的奋二庄战斗，不久之后，人民获得了新生。

徘徊村中，遇到一位罗姓老人，他也在灌园，我向他请教老旧石桥的遗址在哪，他指着汪塘说，小时候那儿就有一座小石桥。这小桥是志书中的奋二庄桥吗？人间几回伤往事，不去多想了。

园子的旁边，有一座林木森森的小院。小院大门朝北，门楣上书"百雀园"，门两侧有一联，内容记不得了。"残垣托起儿时梦，卅载乡思写满天"（曹广国《回老屋》），三十年的变迁便如斯，更何况几百年的风霜岁月呢。

还听曹老师说，多年以前，大约是涟水灰墩的南面还有一个侉（奋）庄……这样"奋二庄"之名的序数词"二"就不用翻箱倒柜地找资料解读了。

如今，"侉子"一词已被人们在日常生活中频繁地使用，而"奋"字几乎只剩了地名专用的含义。

周师傅，原硕湖乡人，70多岁，和我住一个小区，说起来，他是本姓的老姑爷。他每次戏说奋二庄地名时，张口便是段子："奋，大面包，奋二、奋二，傻大、傻二……"由此可见，一个小小的地名给他的印象之深、印象之久。多少年来，奋二庄也是方圆几百里知名度极高的一个地名。

再认真地考究"奤子"(侉子)一词,它是旧时人们对北方人一个略带贬义的称谓,隐藏着"粗野""呆傻"等含义。时至今日,在灌南,它早无一点贬义的味道,更是含有耿直、粗犷等褒义。近来,我常和一山东人在街头下棋,大家都称他"老侉子",真是棋如其人,行棋从不拖泥带水。顺便说一说,由"小、面"两个字组成的一个古字"奤"(māo),它是对南方人的一种贬义之称,暗含着"小气""过于精明"的意思。江淮方言里有"南来奤子北来奤"的说法。今天看来,这是当年江淮地区人们的一种特殊的文化心理表现吧!战火兵燹,人口迁徙,境属变更……让地处国土南北之中的民众在身份认同上有了一种自我的定位。多年来,灌云县伊山镇上有一条"小奤"街,与"奤二庄"有些类似,一个小小的地名衔接了古今。

时如流水,岁月不居。乡人们一直将"奤"异读为"侉",平常也几乎约定俗成地写作"侉"。行文至此,又想起苏州市区有一个叫"奤庄"的老街道,在觅渡桥附近,苏州人却将"奤"念作"匡"音,可见,地名的读音也是因地域而异读并变化着的。

如今,"奤二庄"是规范的村庄地名书写,这不仅是一种法律概念上的公文规范,更是一种历史人文的传承。

参考文献:

金元烺:《安东县志》卷二,光绪元年刻本影印件,第14页。

(于樵)

硕 湖

硕湖，灌南县境旧乡镇之一，地处盐河之西，北至老六塘河，南与涟水县接壤，如今已并入了新安镇版图。

一

旧乡之名溯源于古老的大湖。

大湖，明张峰《隆庆海州志》称"大湖""硕项湖"，李贤等《大明一统志》称"硕项湖"；清张奇抱《沭阳县志》称"硕项湖"，余光祖《安东县志》称"石瀂湖""硕项湖"，《大清一统志》称"硕瀂湖""太湖""硕灌湖"等，古人的诗文集中又有涟湖之说。硕湖，即硕项湖的简称，硕，亦"大"之意，"硕湖"二字也不辱大湖之名。

据本人考证，目前，关于大湖的最早史料，莫过于唐元和八年（813 年）宰相李吉甫所撰的《元和郡县图志》。

《元和郡县图志》卷第九载：硕瀂湖，在县（注：涟水）北一百六里，与海州朐山县中分为界。

《元和郡县图志》卷第十一载：硕瀂湖，在县（注：朐山）南一百四十二里。龙且故城，在县南六十里……硕瀂湖，在县（注：沭阳）东八十里。与朐山、涟水，三分湖为界。

硕瀂湖能在惜墨如金的历史典籍中占据一席之地，可见，当时它是海州朐山、沭阳和泗州涟水之间的一个十分耀眼的自然地标。上文将"龙且故城，在县南六十里"同时引录，就是为了让读者对硕湖的历史位置有一个现代的、精准的定位参照。在百度地图上，将灌云县的龙苴镇与灌南的硕湖村两点连线，测得两地直线距离为 40 千米。

硕项湖是历史上一个十分重要的湖泊。关于它的来历有一个神奇的传说，宋乐史的《太平寰宇记》、明李贤等的《大明一统志》、明张岱的《夜航船》，以及《大清一统志》、清余光祖的《重修安东县志》等都有记载，只是字句上略有些出入。

> 《续纂淮关统志》：世传系古城池，秦时童谣云："城门有血当陷没"。有姆忧惧之甚，每旦往窥门者，知其故，乃以血涂门。姆见之即走，须臾大水，城果陷。姆走至伊莱山，得免。

> 高齐时，湖常涸，西南隅有城址见，绕城多古井。昔通商贾，连高家沟、新安镇，民得专其渔利。

《嘉庆海州直隶州志》认为，上面这个传说是关于江南太湖的故事，因为南、北两湖之名曾相同，后来被史学家误用、演绎。其实，这一点都不重要，重要的是传说的背后是人们对大湖由来的一种猜想，即地震陷落说。而根据最新的地质勘探和研究表明，全新世以来，硕项湖为古淮河口的浅水湾，由于海岸线东迁，逐渐形成了一个潟湖。基于这个认识，可以说硕项湖将县境的文明源头延伸到广袤的海洋。

宋元时期，硕项湖地区成了几方征伐的战场。据清尹继善的《江南通志》、余光祖的《重修安东县志》等史料记载，董抟宵曾屯兵于大湖的南岸，招募了五百名水手，大战于硕项湖。又据宋濂的《元史》载，元军攻破大湖畔的谢龙沟、白头关等城堡。自明中叶黄河全线夺淮，到清初，由于洪水大量注入，硕项湖区变得非常广袤，地跨三州县而汇聚上百条河沟。

> 《大明一统志》：硕项湖，在安东县西北一百二十里，一名大湖，西连桑墟湖，东南各有小河达于淮。

> 《永乐大典》：太湖，在安东县西北一百二十里，而接沭阳县桑墟湖。南北长八十里，东西阔四十里，与海州沭阳三分之一为界，即硕项湖也。

> 《大清一统志》：硕濩湖，在安东县西北一百二十里，

一名硕灌湖,又名硕项湖,又名大湖,西接海州沭阳县界,为涟水之上源。

明时,硕项湖有四万五千余顷的水域,以盛产鱼虾而闻名于世,"采取鱼利倍田租",因此,吸引了大量的徽商来此经营。"二月春暖足嘉鱼,贾客奔驰道异庐"描绘的便是当年的繁荣景象。

明万历年间,徽商方承训称硕项湖为涟湖,其《复初集》更有几十首(篇)诗文逼真而翔实地描绘了硕项湖区的历史原貌,真是一幅"内隐渔樵活画图"(注:清·冯仁宏《硕项渔灯》句)。

《泛涟湖赋》:泛此湖之清泆兮,迩沧溟之洋洋。览百里而无阻兮,觉寰宇之无方。跨三郡而同汇兮,偕十洲以徜徉。望大伊之苍翠兮,旷原野而青黄。

设罗网以取鱼兮,群万艇而成罗。疾号声以大呼兮,扣舟舷若浩歌。讶鳣鲠之蔽网兮,惊鲲鮍之盈艖。即巨舰之不胜兮,虽庐舍亦莫如之何。

硕项湖还是当年文人骚客的打卡地。"硕项清波"被誉为"安东八景"之一。清余光祖《重修安东县志》载:"硕项清波,去治西北一百二十里,即石潋湖,今淤漫成田,三州县分界处。"今录嵇瀚诗一首,以飨读者。

硕项清波

嵇　瀚

澄湖如鉴照苍茫,柳岸阴阴响桂榔。
乍雨乍云小米画,且浓且淡阿西妆。
蒹葭淅沥秋风爽,渔火萧疏午月凉。
拟买扁舟谢尘事,移家附籍水烟乡。

明清时,硕项湖又为洪水走廊。由于黄淮之水不断泛滥,挟带的泥沙不停地淤积,至清康熙年间,大湖渐渐淤淀成陆,于是河道总督靳辅开南、北六塘河以泄积潦,招募远方民众屯田。袁子才的"十载花封烟浪里,可无遗恨六塘河"之句旨在论述治水的重要性。至清末,硕项湖仅残存一些小小的水荡,而"鱼道变为牛羊区"。中华人民共和国成立前,旧乡境一带被称为西湖荡。民谣云:"大小马场沟,十年九不收,男人下河摸螃蟹,女人门槛底下逮泥鳅,逮到大的上街卖,逮到小的哄小'鸠'(注:方言,小孩)。"

从此,集水利、渔业、风光等于一体的硕项湖从人们的眼中彻底消失了。

二

硕湖,一个行政建制乡,虽然淡出时代舞台只有二十一年,但是它曾是大湖之魂的一个载体,是古老大湖残留在地名上的一方记忆,今天借此回望故园的路,就是为了更快、更好地建设新家园。

古人云:"以史为鉴,可以知兴替。"明清时,旧乡之境为海州、安东交界之地,一如大湖三分州县,境分三家,即海州新安镇,安东县长乐镇、鱼场口镇。盐河、界首河等河是当年州、县、镇分野的主要标志。

清康熙年间,因为湖区新淤滩地不断增加,三地的百姓常因地界而起纷争。雍正年间,余光祖在《重修安东县志》中说,"海州民不守旧制,每侵安东之田,当事大人自有秦镜耳。"如今除盐河以外,州县之界、镇乡之界早已无痕,那块刻有"海州、安东县"等字样的界碑业已消失多年,成为旧乡人曹广国、刘学纯、刘祝贤等人心底里一个难以释怀的遗憾。

曾主导硕项湖区治理的两位著名历史人物是靳辅和张鹏翮。

靳辅(1633—1692年),字紫垣,谥文襄,辽阳州(今辽宁辽阳)人,隶汉军镶黄旗,清代大臣,水利工程专家。康熙十六年(1677年),他调任河道总督,是硕项湖区开河屯田案的肇始者,而且他还有一道鲜为人知的奏疏。

《靳文襄奏疏》:再查海、沭等州县接壤之间,有硕项湖最大，久已淤成良田，请即以此立治而名为硕项县，至此，新设硕项一县，田地有主而欺隐者免其原罪，即准升科，或有新淤以及版荒尚未有主者，广招四远穷民，随力开垦，许其五年之后方始升科，如是各为分添施设，城池、仓库、官役、俸工不无有费，然亦为数无多，将见无穷隐地，不丈自清，可使千万贫民凿井耕田、含哺鼓腹于尧天舜日之中，实于民生、国计大有裨益也。

康熙二十二年（1683年），总河靳辅主持开凿了南、北六塘河，硕项湖被挤缩在两河之间，大湖的淤积进程迅速加快，新淤的湖滩地不断增加，于是靳辅招募各地的民众前来屯田。据史料载，康熙二十四年（1685年），增湖屯垦地三百九十七顷，所以靳辅就以加强土地管理为由，力奏设立硕项一县，但是此奏议终究没有被康熙采纳。史载，康熙的评价：

辅为总河，挑河筑堤，漕运无误，不可谓无功；但屯田、下河二事，亦难逃罪……

当年靳辅还另奏一疏，奏疏内容提及了一些州县体量过大，管理者鞭长莫及，建议分置新县，而有利于水利治理，也利于朝廷对地方的控制。

如今想来，灌南县不就是古硕项湖境域一带的新置县吗？当年析分的最大理由是因沂河分隔而难以管理。历史总是惊人的相似，靳辅如能穿越到二百多年后的现在，定会喜不自禁。

张鹏翮（1649—1725年），字运青，号宽宇、信阳子，谥文端，四川遂宁人，清代名臣、治河专家，世称"遂宁相国"。他为河道总督治黄十年，为民着想，深受地方百姓爱戴，康熙帝评价他"天下廉吏，无出其右"。

余光祖的《重修安东县志》载：四十七年，车驾南巡，命总河张鹏翮勘察得实改为下则湖田，每亩科银二厘八毫，民累得宽矣。

大约在这一时期，旧乡的最后一批村庄开始形成。到乾隆年间，海州新安镇的惠家庄、莞葛庄已见诸方志。

清末，淮安府安东县置2路9镇，旧乡之境分属长乐、渔场两镇和海州新安镇。

1912年，政府设6市7乡，长乐镇、渔场镇分别改为长乐乡、渔场乡。1926年，国民党涟水县政权成立，仍设13个市、乡。1929年，旧乡之境为涟水县第三区，有硕湖、西湖、公兴三个小乡，这是硕湖为名的最早建置乡。

1950年，涟水县和涟东县合并，成立灰墩区，原有13乡，辖（今县境）硕湖、久安、永胜、条河、西湖、复兴等。1952年，涟水县成立六塘区，下辖硕湖、久安、条河、西湖、复兴等10乡；1954年，撤销六塘区，硕湖、久安、条河、西湖、复兴回归灰墩区；1956年，硕湖、久安、条河、西湖、复兴合并为硕湖、西湖、合兴3乡；1957年，撤区并乡，硕湖、西湖、合兴并为硕湖乡。

1958年3月1日，灌南县正式成立，硕湖乡辖段口、利华、秀华、渔场、永胜、法三、公兴、奋二庄、硕湖、惠干、沿河、尹河等12个生产大队。1959年年底，硕湖乡并入新安公社；1966年，又从新安公社划出公兴、周口、惠干、渔场、硕湖、尹河、奋二庄、永胜、大圩、刘元等10个生产大队，从六塘公社析出吴圩、硕项2个生产大队，成立硕湖公社；1971年，新增前进、红旗、胜利、红星4个生产大队；1983年政社分离，更名为硕湖乡，即本文所论之旧乡。

2000年，硕湖乡并入新安镇，走完了短暂而又漫长的旅程。如今硕湖医院、硕湖路等还残留着硕湖乡的诸多记忆。

三

行政区划的调整是一柄"双刃剑"。

历史上的海西县便是因为区划调整，由东海郡的第一大县迅速默默无闻，最终湮灭在历史长河中，但究其根本，还是因为经济衰败。

旧乡之境从互助组、初级社、高级社到撤区并乡，再到撤乡并镇，这是历史的必然。至于当今的乡镇合并，却是着眼于全局的利益。

如今旧乡之境已为灌南新城，可谓"糠箩里跳到米箩里"。新城环境美不胜收，闲来之余，可约三五好友看春阅秋。

花开时节，硕项湖湿地公园里，碧波荡漾，草色连坡，满丘樱绽，好鸟相鸣，弯弯湖道边，游人如织，戏童放筝，美味飘香；湖畔的硕项湖大酒店犹如一座城堡，水榭音乐喷泉时起时落，让人不禁联想到童话里的世界。千古大湖，无限灵气，水若甘泉，惠泽苍生，今之新湖犹如古老大湖的"涅槃"。

秋熟稻黄，周口河边，柳色如屏，钓影绰绰；六塘河上，一叶渔舟，几棹闲波；刘园村中，粉墙黛瓦，古色古香；近庄远村，渔场、惠涧、硕项……让人又想起了明代诗人嵇钢的诗句："倘教我作鸱夷子，定载夷光老是乡。"

硕项湖，一个逾越千百年的历史地标，是灌南县历史上仅次于"海西"的人文地望，不知还有多少人知道它饱含沧桑的历程和曾经拥有的辉煌。如今，灌南县政府大楼、灌南高级中学、灌南高铁站……已成为一座座新的地标式建筑，让人遥想着旧乡之境的美好明天。

四

十几年前，我无意间推开了乡史这扇大门，才发现乡史竟然如此厚重、沧桑，如此丰富、生动，但也如此零碎、寂寞……地名是一枚人文历史的"活化石"，需要一代代人将它拾起、擦亮！

参考文献：

1. 李吉甫：《元和郡县图志》卷九，国图影印本。
2. 马麟修，元成续纂《续纂淮关统志》卷二，嘉庆二十二年刻本。
3. 李贤等：《大明一统志》卷十二，明弘治十八年刻本。
4. 解缙等：《永乐大典》，国图影印本，善本号 02702。

5. 佚名：《大清一统志》卷六十四，国图影印本，善本号 A02538。
6. 方承训：《方郊邺复初集》卷二十，明万历十四年刻本。
7. 余光祖：《重修安东县志》卷十四，艺文志下，第 22 页。
8. 靳辅：《靳文奏议》，嘉庆刻本。
9. 赵尔巽等：《清史稿》卷二百七十九，列传六十六，联合书店，1942。

（武红兵）

万 圩

30年前，妻闺蜜将要出嫁，派我去出礼，我从汤沟镇丁口过北六塘河，来到六塘万圩，时近大年，大雪纷飞，出了礼，我便从圩堆上匆匆地赶回。此时寻觅前影，唯余茫茫雪村。

万圩有廪生、前排、前大地、后大地、震泰、小桥口、单庄等庄子。

妻闺蜜姓葛，娘家的庄子叫前排，这是我今天才得知的，原本以为她家在廪生庄。昨天和玉凯、老贾前来，在村民李建国的带领下，来到了廪生庄。

清朝时期，这里是沭阳东境的一个偏僻小庄，因庄上曾出过一位名叫葛增的廪生，故名廪生庄。所谓廪生，为府、州、县学生员，明初各有定额，且月给廪米六斗，故全称为廪膳生员。清沿明制，但由增生中岁、科两试成绩优秀者升补，月享廪饩银四两，可视岁、科两试成绩等级，依次升为国子监学生，称岁贡。从《朐海黉序录》看，州县的廪生人数极少，可见当年能考取廪生，其水平不亚于现在考上双一流高校。村庄以廪生为名，也反映出当时人们对文墨人的敬重。

没能找到葛增的详细资料让人颇感遗憾。现在廪生庄上只有一户姓葛的人家，老人名叫葛保余。葛保余告诉我们，他从来没见过葛氏家谱，村里曾经有人想续修家谱而未果。其父叫葛延根，老私塾先生，如健在，该有100多岁了。妻闺蜜的父亲葛老先生是小学老师，今年80多岁，也是一位文墨人，同学达群是其女婿，因为这一层关系，就请达群向其打听庄中旧事，没想到，他竟然也没见过本姓的家谱，真是遗憾。他们是廪生葛增的后裔吗？不得而知。

听村人说，万圩没有一户姓万的人家，"万圩"就是很多圩子的意思，似乎也有一定道理。清初这里还是硕项湖区，湖淤成陆后，人们屯田耕种，可能建有很多圩子，"万"字当然可以是文言虚指，言其多，但是对于小村来说，名称还是有些大了。

巧的是，我在考证"孟家渡"这个历史地名时，竟将这个问题顺便解决了。

民国《重修沭阳县志》卷二：界沟有四，南北东皆与安东共之……西沟下游又北出万家圩沟，历州境至孟小垛（即孟家渡）闸出南六塘河。

好一个"万家圩沟"！隐藏在志书的背旮晃儿。地名上"家"字已被时光打磨得了无痕迹。营树德，万圩禀生庄人，我曾与他共过事，听他说，万圩没有一户姓万的。无巧不成书，同来的老贾是涟水灰墩万圩人，他说，他们的庄上也没有一户姓万的，倒是附近有一个万庄，姓万的人家比较多。看来，这个万庄才是万姓地主的本庄，而当年安东、沭阳两地的万家圩或许只是万姓地主的客庄。

环顾小村，遥想当年，假若万家沟一如新安镇惠涧，荇菜满沟，禀生庄也如莽留庄，桃花满径，葛禀生会不会学汪伦诱惑李太白的套路，说这里有十里桃花、万家酒店，就把海州牧给诱惑来了？

民国时，县界河通向小垛，为灌云、涟水之界，它大约是在昔日的葛家沟上挑浚的，如今河岸平直，缓缓流淌。学田、小桥口、震泰庄、后大地，次第而来。浅夏时节，蓝天白云下，杨花才飞，沟蛙早鸣，田野里散发着麦香，油菜结满种子，豌豆挂着扁扁的角，还开着一串串紫花……这是童年的乡下，是陶令的耕田，让人无尽地遐想。

小街西去，是学田庄，庄上的赵家宅旁生长着一棵古银杏。银杏高大挺拔，枝繁叶茂，有100多年的树龄，需两人合抱才能将其围住，现已被列入县古树名木保护名录。如今，每当"学田""古树"两个词放到一起时，便让人想到小村历史人文的传承。

震泰庄，一个不同凡响的庄名，在万圩之西北，界河南岸，两排人家，房屋朝向东西相对，当地人又称"对口庄"。追溯其历史，它是清代徽商程开聚家族的一个客庄，其子孙继承至民国时期。

> 《程氏宗谱》："少有至行，长而弥笃，明敏尤极，喜读书，通史籍，壮年以家贫弃儒就贾，勤俭起家，不惜尘劳，先以城市贸布至乡镇售之……"

程开聚（1764—1850年），字翠堂，嘉庆年间，在沭阳县城开设糟坊、当铺、油坊、粮店、绸缎布庄等。他将最早开设的布店命名为"震泰"，店铺多达25间，其他名为"和泰""盛泰"等的店铺共有18片；场坊命名多以恒字开头，有"恒盛"等字号，共有9家，故号称"九恒十八泰"，人们也以"震泰"称其人，而似乎忘其本名。道光年间，程震泰家族占地16万余亩，被誉为"淮北首富"。乡谚云："种田要种震泰的田，买布要买震泰的布。"

今天，沭阳东关街上，沭阳宾馆院内有一棵高大的皂荚树，经历了几百年的风雨，依旧长势茂盛，外人很少知道，这里曾是程震泰家的花园。

历史如过眼云烟。村境的田野里沙土厚积，特别适宜山芋生长。数十年来，偏僻的小村以"勺"粉丝而闻名十里八乡，如今万圩人已经将传统的粉丝做成了一个特色产业品牌，铺就了一条致富之路。

站在大西小学门前，看着长长的万圩小街，闲思着它的历史：清时为沭邑的里甲，民国隶涟水的小乡，21世纪初又随六塘并入李集。学田依旧，世事如棋。我又想起了从小村里走出来的革命先烈赵静尘，他曾任涟水县县长兼涟中校长、福州军区后勤学校副校长等职，是著名作家陈登科的老师，令人扼腕的是，1952年，他因为枪伤复发，英年早逝。

回望小村，"榆柳荫后檐，桃李罗堂前"，古意心生，再一次品咂着廪生、震泰、学田等庄名，便觉田园宁静，岁月绵长。

补记：

上文完成后，妻闺蜜发来了读后感，讲了一个关于万圩之名来历的故事，是她小时候听村里老人说的，还有她儿时的小村印象。

> 听说，万圩先人当年跟邻县为争地界打官司，第二天州府要来人考察，万圩先人带领村民一夜之间在土地四周垒起了一圈圩坝，以示标记。第二天州府来人，远远一望，只见圩坝围绕，严严实实，不由得咳了一声，回头就走，还说道："你看人家圩坝围得好好的，那里面的地还不是人家的吗？还打什么官司？"从此，这地方就叫万圩了。
>
> 我小时候跟着大伯家的大姐去挑猪菜，跑远一点，比如南到南大圩，西到西大圩，北到北大圩，就感觉跟到北大荒差不多远了，东边还有个东大圩，说万圩虽然有些夸张，但也不是没根据的。
>
> …………

故事是一出中国民间式的喜剧，体现的是民间的智慧，表达的是民间的愿望，隐含的却是硕项湖区筑圩屯田治水的艰辛，以及州县之间为地界起争端的历史。

《江苏省志·大事记》：沭阳汤大恺乘帝南巡，拦路告御状，告淮安程姓盐商，为蓄水行盐在潮河附近、盐河东岸筑六道石坝，致上游百余里农田水灾连年。

余光祖《重修安东县志》："海州民不守旧制，每侵安东之地……"

与万圩的地名故事有些类似，为争地、泄洪而打官司的民间传说在这一带特别多，如小垛孟举人与王湾地主王三歪的争夺等，这些大抵是民间秀才们编的，但因为有了现实的对照，于是秀才们夸大其词，把家园当作一方舞台，守护家园，如同捍卫江山。一个小村庄不仅是旧时普通百姓赖以生存的物质家园，而且是他们为之奋

斗的精神家园。

小时候,家园很大,大到天马行空,如今两鬓花白,儿时的村庄似乎太小,却又小得遥远而宏大,一听儿时的故事,旧影浮现,乡关日暮,炊烟缕缕。

参考文献:

张奇抱编《重修沭阳县志》卷二,刻本。

(于樵)

陈　庄

　　从东三岔河口的苏口村，沿着义泽河南堤西去四五里地，便到了县境最古老的村落之一——陈庄。

　　陈庄因陈姓人家世代居住于此而得名，又因它在乡境最北，乡人每称之为"后陈庄"。

　　据《陈氏家乘》记载，陈氏祖先很早就在惠泽河两岸居住。后来，由于兵燹、洪涝等原因而谱牒失落。康熙年间，残谱惊人现世，于是木本水源，再续新谱，修谱者乃海州大儒陈宣。

　　陈宣，一字宸绘，一字惺庵，乳名刘住，生于明崇祯年间，康熙二十五年（1686年）赴京殿试，为江南第四十七名。据四知堂《海州杨姓族谱》记载，陈宣为杨姓迁海第六世祖杨正春（字和甫）之女婿。

　　《嘉庆海州直隶州志》总编纂唐仲冕在《自叙》中称，康熙年间，州人陈宣续修过《海州志》。其在编《嘉庆海州直隶州志》时又数百处地引用了陈宣《海州志》的内容和评论，可见一代大儒唐州牧对陈宣的博学宏论也是钦佩不已。当年陈宣因为腿疾而未能为官，也许是他一生的遗憾；而今陈宣续修的《海州志》的失传更成了后人的遗憾。

　　据《陈氏家乘》记述，陈宣后裔的一支一直居于海州南乡，即今新安镇陈庄村，灌南县教育局原局长、知名的英语教学专家——陈水能先生即其后裔，于今先生效先祖之行，致力于《陈氏家乘》的续修工作。今天重读先生特地复印给我的《陈氏家乘》，顿觉谱牒修撰意义重大，它不光能让后人从谱牒中寻找到家族、村庄的历史线路图，还能让后人从谱牒中汲取丰富的传统道德营养，让先辈们的积极进取精神，以及家族的传统家风在新时期的家乡建设中发扬光大。

据《陈氏家乘》记载，陈姓八世祖墓位于惠泽河南，由此推算，陈氏从海州迁来的时间至少在明初。

如今的陈庄村不光是一姓村庄，还有一个大庄子，叫吴兴庄，庄人与大吴庄的吴姓为一脉同宗，迁海始祖来自古徽州。

陈庄村历史悠久，不仅有谱牒为证，还有典籍为证，更有历史文物和历史遗迹为证。

两年前，听朋友王伟说，在村境一户陈姓人家中藏有一块带字的古石碑。后来询问陈水能先生，他说很早之前见过，于是我便几次入村寻访石碑。

那是一个春日下午，走进陈庄村，便见一派欣欣向荣的新农村景象，几百亩良田连为一片，几个庄子沿河分布，小楼次第成排，三五户农院中花开正盛……那一天，我初次见到这块石碑，上刻"仪制令、轻避重、少避老、贱避贵、去避来"十五字。

到了秋时，我又一次走上义泽河大堤，秋风阵阵，长河悠悠，俯身捡起几枚瓦罐、瓷碗等残片，与同行者辨认、把玩，几度思迁，同时也与文物局领导再次见到了这块石碑。后来，在县文物局宋三桥先生的主持下，这块珍贵的"仪制令"碑才被请进博物馆，展现于民众面前。

今考，"仪制令"作为交通法令刻石立碑于街市和要道，最早出现于北宋时期，最迟不过元代。

宋、金、元时期，县境的惠泽、莞渎盐场先后兴起。元代，莞渎场为两淮二十九场之一，到了明代，莞渎盐场又兴起，嘉靖年间的《两淮盐法志》所谓"东薄海，西抵大湖，南带遏蛮河，北拒卢石山。"由此可见，陈庄乃至原大圈乡境皆在此区域。那么当年惠泽河畔的陈庄是圩沟纵横的盐场，还是鹾商往来的街市呢？黄土厚积，史料阙如，至今仍是一个谜。

据石碑原收藏者陈老先生说，生产队时期，村里人曾挖到过数十个巨大的圆形灰坑，几位上了年纪的人也都如是说，这不由得让人遥想起北宋时的惠泽盐场，而或元、明、清的莞渎盐场，眼中仿佛看到了当年煮海时的灶炉柴烟……

《灌南县志》载，1973年，在陈庄大队境内的古墓葬中发掘了五铢钱、古陶器……这更是将陈庄的可考历史又向前推进了一千多年。

据村人讲，大堤下原为村庄，因为上游建闸，退潮之后，定期开闸冲淤，河道渐渐地被拓宽了数十米，仅仅几十年，沧海桑田，这是人与自然共同作用的结果。

村中还有一条南北向的小河，并不起眼，当地人称之为"一帆河"，庄中老人讲述此河是王彦章铁镐所开。一帆河汇入义泽河，河口建有新闸，无名。河对岸是北陈集渔业社西大沟，大沟一直向北延伸，也叫一帆河。

再考，有资料载，元初为筑捍海堤而挖掘成的南北河道，即一帆河，取"一帆可达"之意。明代，因为海岸线东移，黄河泥沙淤淀等原因，一帆河多次改道，今村境内的一帆河大约为其故道。

2020年，陈庄村疏浚这条河道时，在河中挖出了一块石碑，碑上刻"高和大闸"字样，还有万年青、五角星等雕饰，以及"一九五八年六月新迱设"的字样。

联系了老同学陈凯，才知道闸名的大致来历。又查阅了《江苏省灌南县地名录》《灌南县志》《灌云县志》等资料，认真地进行比对，得出如下结论：1945年，村境为陈集区永兴乡辖境。建县后，村境属陈集公社高和大队。1962年，高和大队之名消失。1965年，从苏口大队析分，新置陈庄大队。

陈庄是大圈乡最早试验"旱改水"的村庄、最早栽植杂交水稻的大队，当年高和大闸一定做出了很大的贡献。1982年，曾重建"一帆河闸"，高和大闸的碑石是这时被抛弃在小河中的吗？

（于樵）

闸 北

闸北村在古老的盐河畔、秀美的武障河头，顾名思义，因为坐落于河闸之北而得名。

1976年1月，武障河南岸平地开河建闸，1977年4月，武障河闸竣工验收，为盐东控制工程之一。

起初，武障河闸为河闸与路桥的结合体，路桥形如"凹"字，两头凸起，凸起的桥面下为过船之闸口，但是这种设计给道路交通带来了极大不便，在发生了多起交通事故后，又经几度改造，闸面道路才平坦。2006年12月，在武障河南重开河道，再建船闸，工程名为"盐灌河闸"，俗称"武障河新船闸"。从此，旧闸不再过船，直到2021年旧闸被彻底拆除，于旧址之上建设新桥。

旧闸西北原为船闸管理所，有一片水杉和一个桃园，2010年后改建为五龙口二郎神文化遗迹公园。公园西北侧有河湾，七八棵老柳在岸，泊船系缆。我在《武障河头》一文中称它为柳树湾。柳树湾实为明清时的武障河道，数十年来，一直作为造船厂泊船之处，今船厂已搬迁。公园的青庄湖也是由古河道改造而来的。旧时新张公路铺设在古河道上，路东河道废弃为几片鱼塘，历经几十年，几近淤平，去岁（2021年）塘边数十棵老态龙钟的歪柳犹在，今河道重浚，路桥新通，足可谓："车从桥上过、人在画图中。"清朝时期，这条河上有一座著名的滚水坝。

说起滚水坝，它最大的作用就是保运排涝，坝的高度低于西岸民田一尺，水涝时，水由石坝上流出。主持修建滚水坝的人叫何煟（？—1774年），浙江山阴人，字谦之，雍正中入赀，授州同，效力江南河工，乾隆年间官至河南巡抚加总督衔，历官数十年，与河务相始终。据史记载：其"为官清廉，笃信浮屠说"。其祠联："所谓大臣，行己也恭，养民也惠；厥有成绩，荆河惟豫，淮海惟扬。”又据县史资料记载，1978 年清理盐河河道时，在武障河北 500 多米的地方发现了长方形的石料和梅花桩。其中一块石刻上有一段双线刻行楷铭文：

钦命管理江南河道库按察使司佥事，记录十次，前管理桃源县河务同知何煟修。

铭文的标点为后加的，此石刻的拓片现存于灌南县博物馆，不知这件文物的原物今在何处？滚水坝建成之后，海来大潮，冲击滚水坝，便成全了古人笔下的新安镇八景之一——“武障雪浪”。

武障雪浪

冯仁宏

武障一片雪花堆，不亚钱塘逐队摧；
闻道广陵涛最盛，如何赛得海潮肥。

滚水坝工程竣工后，尚有一些余款，何煟就向上级申请，建一座庙宇以镇妖护坝。在得到上级批准后，他就令人加班加点地施工，不久，一座北大王庙落成，此事《江南通志》有载。一次来访，听闸北村的于姓村民讲，古庙在武障河老河道的北岸，即造船厂的旧址上。

古时，北大王庙的香火田就在今闸北村境，几家佃户于此租田、耕种乃至建庄，听庄人说和尚坐化之后，也埋葬此处，数十年前，还曾挖到过青砖古墓。村中的这个小庄，就叫和尚庄。

20 世纪 80—90 年代，在旧河道之南、大闸之北的夹堆上建有海西宾馆。宾馆临河而筑，假山池沼，小桥流水，林深荫翳，曲径通幽，十分隐逸。曾听消息人士神侃，宾馆建成之初，县里的一些重要会议常在此召开；坊间又说，纪委等常来公干，这里据传还是中考阅卷点……让人倍感神秘。我曾去游玩过几次，既有“一叶寄扁舟，随风任去留”（清·陆万钧《武障河遇雨》）之境，也能感受到“一生游债重，多住水云乡”（清·陶开瀛《夜宿武障河》）之况味。

后来今灌南宾馆大楼落成，海西宾馆随即被人承包并开始对外开放，到新千年初，靠关系才拉来了一些人气，但不久就冷落、萧条了。再后来到处断垣残壁，为鸟雀、蛇狐出没之所，一如古人的诗境："空林无人语，鬼魅揖寒月，怪鸟一时鸣，闻之舒毛发"（章洞《夜宿武障河》），真有历史轮回之感。

在此我再厘清一个细节。海西宾馆、五龙口二郎神遗迹公园虽在大闸之北，却为旧新安乡之地，后属盐东水利工程管理处，如今大圈、新安两乡已并为一镇，至于名胜归属，自无襄阳、南阳口舌之争，立此存照。

故河道尾闾曾为一小块僻静的湿地，塘中野鸭闲游，林间众鸟和鸣。旧河口有一个芜杂的私家小园，园边用铁丝网片相围，入口有门，阻生人入内，透过网眼，钓台、假山、古亭、盆景、杂树……拥挤在鱼池畔，园外便是武障河，潮来有声。此文还未发，古武障河道开始新挑。

古河道北即为闸北人家，有周、于、张、衡、李、王等诸姓，各姓人家居此都有些年头了。

1966年，大圈成立公社时，村境还叫果林大队，因设果林场而得名。当年，与果林场相类似的村级建置，每个乡镇皆有，这是一个时代的记忆。1973年，新置闸北大队。1981年，村境西为闸北、东为栾埝（乡人读"堰"音）两村。

栾埝，旧时栾姓人家曾在小河中打埝，故得名。据村民说，古时打埝是为了拦涌洋河退潮时的大鱼，此说已鲜为人知了。但是真正考究历史，埝，乃淮北盐场交货、换船的地方。

武障河头自古是南北水陆交通要道，是一处风景如画、诗意栖息的地方，无论是帝王之师翁心存，漕运总督杨锡绂、管干贞，还是他乡诗家汤国泰、地方名士冯仁宏等，都在此留下了经典的诗篇，一首首诗歌如同一幅幅时光的剪影，记录着岁月的沧桑。

五丈河六首（其二）
管千贞
纷飞黄叶近寒林，村曲悠闲碧水临。
独有一家茅屋暖，半株绿柳拂波深。

五丈河即事二首（其二）
汤国泰
芦花风起一天秋，潮涨浑疑水倒流。
多少渔人闲不惯，烟波险处只行舟。

　　小村之名钩起历史的片影，又记录着时代的潮音，历史与现实遥相呼应。近日，武障河头新闸工程已经竣工，不由得让人想起千年来海西大地治水的沧桑历史。二郎神遗迹公园中有一个小景点——数块长石堆叠在一起，讲述的就是当年的滚水坝。

　　五龙口的新规划已开始实施，乡河旁的小村——闸北又一次闪耀在历史的大舞台上。

（武红兵）

小西湖的变迁

改革开放后,旅游渐热,外地人听说新安古镇有一个小西湖,就慕名而来,来了一看,哪有什么"湖"啊,当然很失望。幸好,当年纯高粱酿制的汤沟酒,几块钱一瓶,喝个半斤八两的,既不上头也不口渴,才算是不冤枉这趟古镇之旅。

当年,小西湖是新安镇的一条商业街道的名称,它西起新兴路,东到新东路,约莫二里路长,是县城最为繁华的地方。遗憾的是,这里看不到人们心底里想象的那种湖光潋滟的景象,唯有一条大沟穿街而过,串连起几个浮萍、垃圾杂布其间的汪塘。

对于我而言,关于小西湖的记忆是零散而又粗略的。记得小时候,我曾随父亲来过几趟新安镇。小西湖路边有几个露天的小吃摊,一锅大菜、豆腐加上油条段烩成的美味,是汤不是汤,是菜不是菜,那色彩却很诱惑人,当年好像吃过一回,主食是大饼还是小卷子已记不清了。后来,我曾去过长街最西头的印刷厂,找初中同学要了几个铅字钉,作为姓名图章之用,如今想来,此行为实在是有些可笑。工作以后,每次回家,路过新安镇,我都要去趟小西湖的报刊门市买几本杂志,主要是买《读者文摘》《辽宁青年》《中篇小说选刊》等,有一次居然买到了三毛的书。可惜,这里早已不卖杂志,眼下已变为邮储银行,到底是少了当年的文化气息,让我几回失落。再后来,来县城开会、出差时,曾到西湖影厅看过一回录像。当年的同事兼室友亚军家住小西湖街边,他的父亲在西湖影厅负责修电视机、录像机等,技术在全县是一流的,所以亚军在这里看电影、录像是可以免票的。西湖影厅旁是一片臭水塘,夏天晚上这里的气味实在是难闻……如今在四川大学工作的亚军还会忆起这儿的旧事吗?1995、1996年,开会结束后是有招待的,甚至还有酒喝,就餐大多安排在大东方饭店。饭店在小西湖的东头,门朝北，生意十分红火，在当年是数一数二的。

小西湖是县城最大的自由市场，最赚钱的是服装生意。那年头，大姑娘、小媳妇最喜欢来小西湖逛街，花衬衫、喇叭裤、套装裙、长筒袜等，红的、绿的、黄的、长的、短的、老式的、新款的……叫人眼花缭乱。她们从这件试到那件，从这家逛到那家，逛了半天依旧兴致不减，和老板娘讨价还价，争得脸红脖子粗的，有时，还会遭到个别店主的白眼……印象最深的是一家裤店，名字似乎叫"唯一薄"，位置在十字街口偏西，门朝北，他家从来不还价，男裤98元一条，买一条一个月工资就去掉了将近一半。

几年后，小西湖街外的百汇步行街、新西湖商业广场、新安商城等先后被开发，与小西湖紧紧相连，借助于小西湖的名气和人气，也是各领风骚二三年！自此以后，小西湖的老大地位开始被动摇，虽然它也与时俱进，但是似乎由主角变成了配角，试问，如今县城中的哪一条街道能称得上第一呢？

迁居小城之后，自然没少来小西湖，不过我已记不清在这儿买过什么东西了。小秦淮饭店算是小西湖街上的门面，这家饭店的"椒盐小蹄爪"很有特色，"千代香蛋糕"也曾小有名气……如今一些人事已成过往，悦来河却流水悠悠。

当然，在老街坊或曾在这里生活过一段时间的人们眼里，小西湖就生动活泼多了，我曾编发过吴其同先生的一篇文章，摘录如下：

> "在桌子边找小板凳或小马扎坐下，要一碗洁白的豆腐脑，把桌上摆放的作料放进碗中，略作搅拌均匀，然后一手用小勺子舀出来吃一口，另一只手拿着一根老油条，慢条斯理地吃着嚼着，豆腐脑和油条的香味搅在一起……"（《小西湖和桥头豆腐脑》）

这姿态、这味道，是最纯真的少年记忆，是滤去了世俗的渣滓，经过岁月的沉淀、凝结，而从心头溢出的一缕淡淡的豆香味。

我对汪刚老师所写的小西湖文字还有些印象,正好他发来一篇文稿,我便和他做了一些交流,顺便讨来了原文:

> 小西湖和老街交汇的西南角上,是一间老店,当时很有名,里面卖些酱菜什么的。但我记住它的原因是里面有个车斗大小的书摊,上面都是些武侠小说……
>
> 老妈那个时候是卖衣袜的,每天很晚才能回来整理存货,第二天一早就又推着铁皮车出去。星期天的时候,她起得更早。因为那里是没有固定摊位的,先到先得。她是在一个亲戚家的店铺门口摆摊,但即使这样,也不好意思让占了位置的人让一让,再加上她性格向来就比较弱,更不会主动和人家争执了,只能想到去得比别人更早一些。(《小西湖里的记忆》)

他笔下的小西湖既有童年的乐趣,也有少年的忧伤……这是新安镇一个普通人家最真实的生活缩影。我也曾读过老山战役前线老兵潘发如文友笔下的小西湖,文章所叙说的是小西湖街道几十年的变迁,那是站在一位老城建人的视角上的描绘。

今天,在小西湖街的小桥边,一棵大榆树长势特别茂盛,每让人牵思,它默默地守望、见证着新西湖商业广场的诞生、兴盛、低落、再兴起,以及几十年来小西湖、悦来河的变迁,可谓灌南商业史上的一个历史坐标。

毫无疑问,小西湖是当代灌南一个地标性的人文地名。它是建县之初社会发展的一个重要起点和支撑点,对灌南县、新安镇两级的经济发展、城市规划、社会民生等方面有着举足轻重的影响,而且这个影响是很长久的,同时它也是灌南知名度、美誉度很高且辨识度分明的一条商业街,小西湖一度成为新安镇的一个代称。

程金安,古稀之龄,家住马桥巷,是老新安镇人,曾做过汤沟酒厂车间主任,他对小西湖的旧事有很深的印象。曾听他说,过去印刷厂、老党校一带是一个汪塘接着一个汪塘,还有坟茔,这一说法和孙茂宜老师的讲述几乎一致。孙茂宜,今年75岁,是位德艺双馨的书画名家。那天和灌南县党史办的几位领导听他讲古，他娓娓道来，一如在创作国画，几笔勾勒便栩栩如生，一下就把我们带到了当年的时光里。

他说，小时候家住二牌巷，老街西边有很多汪塘，老街人嫌汪塘里的水"辣杂"，所以吃水都要到盐河里挑。今天"红小"大门的斜对面在过去有一座观音庵，老街的小孩子从河边玩耍回来，过了观音庵才不害怕。

查看1926年的新安镇地图，观音庵西边，一片空白，靠近盐河岸的是宣松林、汪松林，其实是一片漏泽园。而在新安镇解放后的十年里，这里还如此的荒凉，坟茔连岸，磷火闪烁，究竟是什么原因呢？我想，这里面有战争遗留下来的创伤，有社会旧习俗的遗留，但更多的是因为当年灌云县政府的财力匮乏、民力疲困吧。试想，那年月，人们连吃、住等最基本的生存问题还没有解决，哪有余力来建设一座边界小镇呢！更何况既缺少明代的大湖渔业资源，也丢失了清代的水陆要冲地位，如古老的海西县一般，日渐式微，几成定局。但是，建置区划的调整给新安镇带来了建镇以来最大的发展机遇，于是有了小西湖的横空出世。

孙茂宜老师说，刚建县时，县里有一位叫胡南的书记，是南方人，他最早着手规划新安镇，把老印刷厂一带的洼地、汪塘设计成为城中的小湖，有荷花池、柳荫路、木石桥等，致力于将其打造成江南园林的样子，并号召所有机关单位人员参加义务劳动，扒塘、修路、建街……一如刘俊林先生在一篇文章中所忆的：

> 从交通局向东至新安路是西湖街，西湖街原本是洼地，两边是大水塘，1958年，县委、县政府组织机关干部义务劳动，挖塘清淤，修筑出一条街路，水塘本在老街西边，加之杭州西湖、扬州瘦西湖的影响，就确定水塘叫"小西湖"，街道叫"小西湖街"。小西湖街道两侧有县印刷厂、邮政局营业部、镇中小学、县蔬菜公司、铁匠铺、布匹、衣服鞋帽等日用百货小市场。
> (《记灌南县城新安镇六十年巨变》)

当年，刘俊林是县委办工作人员，可谓小西湖街道建设的亲历者。今天想来，如果小西湖按规划建设下去，如果新安镇老街按规划改造……新安镇不也是"人家尽枕河"的诗意水乡吗！可历史哪有这么多的"如果"。但当年以"小西湖"命名水塘、街道，无不体现了人们对美好生活的祈盼，因为这个名称可以让人联想起杭州西湖的白堤、苏堤。

小西湖街最初只是从新兴路到新安路，新安路即老街，后来穿越老街，不断地向东延伸，跨过悦来河桥，再到新东路……如果说老街是新安镇历史文化的时光轴，那么小西湖便是灌南当代商业的时光轴。

如今小西湖街上十分整齐、亮丽，夏午闲来，梧桐成荫，"豆腐脑、八宝粥、糍饭啊……"那一声声吆喝，让人仿佛回到了儿时，暮春溜达，华灯初上，空气里各种香味、喧嚣声混合在一起，让人又想起了《新安镇志》的八牌、漕督杨锡绂的诗句、程姓族谱的地图。

时下，关于小西湖之名的来历，已出现了不同的版本，或许随着时间的推移，还会被人们演绎出更多、更精彩的故事。

（怀平）

地名探究

石头路的由来

　　新安镇老城区曾有一条用石板铺成的路面，谓之石头路。其东接新安路，西连新兴路，介于新民西路和镇中西路（现西湖西路）之间，长400米，是当年镇上最繁华的街道之一。旧时，石头路南侧是西河，北侧有惠氏宗祠、汪氏宗祠和陈姓大户的府邸西衙门；现该路南北两侧多为镇上的老住户，北侧中部的县委党校迁移后，原址被开发为一住宅小区。关于石头路的由来有一段鲜为人知的故事。

　　清道光年间，海州有一亓姓客商到新安镇洽谈商事。新安镇南首于姓兆字辈（于氏族谱按志、兆、学、步、通、达排序）宴请亓某。到了酒楼，一番礼让之后，宾主各自就席，于家为主，坐北面南，亓某是客，坐东朝西。主客坐定，其他人员也依席次落座。几道菜后，店小二端上一盘鱼。按小镇风情，鱼头朝东，鱼肚朝北，是表示对来访客人的尊敬，上来的菜都要顾及贵客，尽量让贵客舒舒服服地夹菜吃。无鱼不成席，鱼作为席上一道特殊的菜（借意为年年有余），当然就要以客人为先，把鱼头朝向东一是对来访客人的祝福，二是对客人的基本尊敬。

　　旧时，吃鱼前民间还有个说法：一箸定乾坤，二箸开阡陌。在餐桌上主人若不动鱼，其他人是不可以先动的。重要场合像商人宴请官员、贵宾等时，主人第一筷子要将鱼鳃旁的肉夹给最尊贵的客人，那块肉是最好吃的。鱼头朝向已表尊贵，而腮旁肉就显得更为尊贵，乾坤就是天地，夹给官员代表他会步步高升。第二筷子轮到主人夹给自己，古代"开阡陌"代表着做生意的人，因此，二箸寓意自己能够生意兴隆。宾主过后，席上其他人员一般也按次动箸。席间双方边吃边喝，边喝边说，酒过三巡，双方话都越来越多，话题也越说越大。许是故意，席上主人于某就是不动鱼，客人亓某出于礼节也不便动筷，其他客人、陪客更是不好意思吃鱼了。一盘鱼在八仙桌上硬是摆了好长时间。桌上的鱼头一直指向贵客，仿佛也在盼着贵客及早动筷光顾。通常鱼菜上桌不久，主客互相谦让一番，在众人的尊敬下，客套一下就开始吃鱼了。而这次不同，为了致对方尴尬，于某就是不提吃鱼，更谈不上将鱼中上肉夹给亓某。亓某也在心里算计，如果自己首先提出吃鱼，那相当于宾主关系倒置，自己还得先敬于某，让人看笑话，因此，也不提吃鱼，就想看看于某到底是如何待客的。时间一久，小二再次上菜，并提醒主人邀大家吃鱼。无奈之下，于某只好提醒亓某上筷吃鱼，并且毫不客气地把腮边的那片好肉（本该客气地夹到亓某碗中）直接送到自己嘴里。吃后，于某又准备去夹鱼腹靠头位置的肉，这块本该轮到于某自己的（一般是宾主吃后，其他人依次从上向下吃，鱼尾的刺多，一般为跟班或席上地位较低的人吃）。于某嘴里还念叨着："这是我们新安镇烧鱼最出色的一家，味道不错，不错！我最喜欢来这家吃鱼了！"根本不去谦让别人。亓某在海州算是有头面之人，哪里受过这般冷落，他认为自己人格受到了侮辱，中途借故离席而走。于某虽留，怎奈双方心已隔阂，也只好不欢而散了。

时隔不久，亓某买通海州官员，故意设下圈套，状告于某做生意不守信用致亓家大损，要求赔偿。论经济实力和官场势力，于家都不是亓家的对手，输官司是明摆着的事。果然，案堂上判定于某赔偿亓某一大笔钱。亓某根本不是冲着钱去打官司，只想争一口气，以解桌席之辱，让镇上所有人都知道于某输了官司，丢了大面。亓某把所得赔偿全部捐出，为新安镇铺了一条石头路。这条石头路正好通往盐河边，对于家打开生意通道也有好处。临街而居的惠氏、汪氏、陈氏也拍手称好。于家决定不再上诉，就当是自己花钱做了一件功德事了。

1958年，灌南建县，百业待建。县里将石头路重铺，原有的石头拆除后被一些单位用作建筑石料。1960年，滨海县响水、周集两人民公社划入灌南。响水镇建文化馆，据说有些基石还是用的新安镇石头路的一部分条石，还有不少小的碎石被周边居民搬入家中，或作墙基，或垒台他用。后来路面重铺，改换石子，20 世纪 80 年代又改为水泥路面。

（孙似泉　嵇会成）

灌河岸边"队"名的由来与演变

灌南县版图的东北角,有一块狭长的地块,属冲积平原,土壤肥沃,景色秀丽,是难得的鱼米之乡。该地块三面环水:南边是滔滔不息的灌河,东边是浩瀚无垠的黄海,北边是空旷碧绿的沂河淌,人们习惯上称其为"灌河半岛"。

这里曾叫灌南东北"三乡两镇",由田楼乡、五队乡、九队乡、长茂镇和堆沟港镇组成,是灌南曾经比较富庶的地区。2013年撤乡并镇为两个新镇,分别为田楼镇和堆沟港镇。

历史上这里有一个突出的地名叫"队",该名由来已久,而且很有规模。从原田楼乡向东一直到黄海边,约20千米,依次排序为一队(头队)到十队。至今一些村庄还保留着历史上的叫法,并已成为村庄独有的身份证。不过,此"队"与大集体时的生产队叫法没有一点关系。那么,这种"队"地名是怎么来的呢?

上溯千年,灌河口一带原是汪洋泽国。史载,南宋建炎二年(1128年)黄河夺淮,河水夹带着黄土高原的大量泥沙入海,使海岸线东移,此后六七百年,灌河两岸在孕育中不断向东推进,陆地渐增。明弘治八年(1495年)黄河全流夺淮后,泥沙骤增,海滩日拓。

据史料记载,灌河在明代中叶以前就开始形成了。清初,灌河下游两岸地区芦苇浩荡,清政府于康熙三十八年(1699年)在此设苇荡营樵采,每年采割芦苇数十万担,都由灌河运往南方各地,以备河工之用。

《嘉庆海州直隶州志》记载,灌河两岸属苇荡营出河汛地。早在清康熙年间,为防汛和护卫海疆,并增加朝廷库银,苇荡营即开始建制,总营在清江浦,以废黄河为界,下设左、右二营,左营设于海州,下设千总、把总及守兵专事管理巡防。今堆沟港镇境内,古有头队衙门,从头队向东直至嘴头港,有十小队樵兵驻扎,五队和九队所在地有港口便利,因而叫得较响,地名也随之固定下来,以致后来出现五队乡和九队乡。斗转星移,岁月更替。随着乡村建制的分分合合,许多地名也跟着一起变化,但堆沟港镇之名始终未变。

如今在堆沟港镇头队至十队的村庄虽不少被更换了名字,但古时的苇荡营建制轮廓还在。自田楼镇向东顺灌河岸边依次叫:头队、小港、二队、三队、四队、长流、五队、六队、七队、刘集、兴港、八队、王庄、九队、刘庄、董沟、十队、黄姚、大咀、堆沟。

那么这些村庄又是如何从一至十队中划分出来的呢?

"头队"又叫"永志村",因 1946 年民兵队长李永志在此牺牲而得名,在此基础上,"二队"与"小港村"也从中分出;"三队"保留;"四队"保留并从中分出"长流村",因 1946 年三兴村村长赵长流在和国民党还乡团作战时牺牲而得名;"五队"保留,五队乡曾被命名为"树德乡",因 1946 年解放战争中田楼区队长陈树德在此牺牲而得名;"六队"保留;"七队"保留并在此基础上分出"刘集"与"兴港";"八队"保留并在此基础上分出"王庄";"九队"保留并在此基础上分出"刘庄"与"董沟";"十队"保留并在此基础上分出"大咀"与"黄姚"。以上村庄除了"队"字名称保留外,就是以烈士名或姓氏集中的姓命名。"堆沟村"因海堤堆与泄洪沟而命名,1949 年开挖沂河淌,一半分在灌南,一半分在了灌云燕尾港(当时两部分同属灌云县,1958 年灌南建县后分属不同县)。

沧海桑田,古老的地名源远流长,承载着悠久的灌河半岛文化;历史的烙印陈述昨天的故事,也必将同生生不息的灌河一起奔向远方。

(苗先锋)

灌南带有"塱"的村庄名追溯

灌南带有"塱"的村庄名主要集中在田楼镇境内,如"邓塱""王塱""团塱""时塱""莫塱""姜塱""冯塱"等。查看《灌南县地名录》,除田楼镇境内村庄名带"塱"字外,三口镇窑河村还有"罗塱",新集镇街东村还有"韩塱",百禄镇川新村还有"沈塱子"庄,等等。"塱"读何音?又有何意呢?

《现代汉语词典》中解释:"塱",音 duō,塘塱,地名,在广东。"塱"字,是个地名用字。在广东省吴川市有塘塱镇、塘塱河。

《吴川市志》载,吴川市(隶属湛江市)塘塱镇,其地形地貌属丘陵地形,气候属亚热带季风性气候。其地名来源:清乾隆十五年至咸丰年间(1750—1861年),塘塱河两岸逐渐形成上、中、下三圩,因圩镇沿塘塱河两岸而建,故得名塘塱圩。镇政府驻址塘塱圩,是乡级行政区,故名"塘塱镇"。由"塘塱河"名,可以推出,"塱"字,本义应该与"水"和"土"相关。要真正厘清"塱"字的含义,还要进一步从"塱"字的字形结构去分析。"塱"字左偏旁"土",其义应该与"土"相关,或有"土堆"之意。右偏旁是"叕",翻看相关工具书,"叕"是个多音多义字。其一音义:zhuó,连缀,有短、不足之意。其二音义:yǐ,张网的样子。其三音义:lì,止,系。其四音义:jué,速。综合四个义项,"塱"右偏旁"叕"应该是个"会意字",在地名中取"张网"的义项更为合适。由此可推论,"塱"字就是可在河边高土上居住,又可下水"张网"捕鱼的意思。"塱"反映了先民依高而居、临水捕鱼的较为原始的生存状态。

不难理解,灌南县田楼镇境内的"邓塱""王塱"等村庄名中的"塱"字,大概也是这个意思了。

唐朝时期,灌南境内东部大多地区还是一片海洋。"九曲黄河万里沙,浪淘风簸自天涯",因后来黄河长期泛淮,特别是南宋绍兴年间(1131—1162年),泥沙重度沉积,海岸线不断东移,境内东部地区逐渐成陆。泥沙的沉积与海浪的浊蚀,形成了自然的高低不一的地形地貌。后来在人工修筑海堤、开挖河道、蓄水排盐和自然雨水的淋洗作用下,低的地方形成了河沟,促进了鱼类的繁殖。而早期邓姓、王姓等到此择高地而居,并以盐业、捕鱼为生,逐渐形成村落。可以想见,其他地方带"塅"的村名亦与当地的地形地貌有着很大关系。

一些特殊的字用作地名,往往能够反映当地的一些风土人情,而"塅",或许是解锁当时当地地形地貌和先民居住环境的关键,它是否为当地最早的村落,值得我们去深入探讨。"塅"这个字,是三级汉字,很多人不查字典很难认得,更不用提怎么写了。然而,它确实存在于我们的村庄名称中,显然是非物质文化遗产的一个部分,值得我们去铭记。

参考文献:

吴川市地方志编纂委员会编《吴川市志 1979~2000》,广东人民出版社,2014。

(嵇会成)

风物掌故

- 我家的春联

- 石敢当

- 薅　脸

- 记忆深处的老物件

- 灌河小鲙鱼

- 消逝的惠池塘

- 一条废河叹沧桑

风物掌故

我家的春联

手写的春联品味不一样，我家连续 26 年贴的都是张正团部长写的春联。

张正团，灌南县委组织部原副部长，中等身材，一脸正气，"字如其人"一词用在他身上再合适不过了。他出身农家，读小学时，他的父亲用黄豆换毛笔，一换一大把，因此，他的语文和算术作业都用毛笔做。他的字端正有力，大字练习本上经常被老师画满了红圈。小学四年级开始，他就给左邻右舍写春联。在南京大学中文系读书时，他还多次在全校、全省和全国高校学生书法比赛中获奖。回到灌南县城，他的书法水平被排到一流队伍里。那时，县直部、委、办、局大多数在一个院子里办公，每年春节前一两天，很多人自己买纸买墨，慕名请他写春联。

我当时在灌南县农机局当技术员，是个初出茅庐的毛头小伙，因为要回老家结婚，父亲关照请人把喜联写好带回。我不认识张部长，但我知道他的字好，所以非常希望由他帮我题写喜联。正好单位的两位同事认识他，就带着我一起去了。他当时是和五个同志挤在两间通梁的房屋里办公。我有些紧张地站在他面前，他握着我的手说："好啊，结婚是件大事，想写什么对联？"我说："就写传统的'红梅多结子，绿竹广生枝'吧。"他笑着说："国家提倡计划生育，每对夫妇只生一个子女。你是机关里的人，应该带头响应号召。'多结子'不符合政策，是不是改成'红梅结新子，绿竹生嫩枝'？"我连忙点头称是。孩子出生后，我们夫妻俩确实主动领取了独生子女证。

两年后，我被调到灌南县委组织部做干事。报到那天，张部长见面就问："绿竹生嫩枝了吧？"我一时没反应过来。他说："你结婚的时候，不是我改的对联吗？"我一下子恍然大悟，心里感到特别亲切和温暖。从这年春节开始，我都请他写春联。

和他共事刚一年，我就被调到乡党委担任副书记。从县城到乡里距离10多千米，全是沙石路，当时孩子才一岁多，妻子当医生，经常上夜班，分开生活很不方便。我和妻子商量后决定，她调到乡医院，把小家庭安在乡下。张部长听说我要搬家，支持和勉励的同时，还不忘叮嘱我，过年要春联就到他家里去拿。

我下乡不久，他到另一个部门任职，我还是习惯性地、亲切地称呼他张部长。

我在乡里整整工作了7个年头，虽然工作千头万绪，事务繁杂，但每年除夕吃过午饭后，我都要骑着自行车，带上张部长说过的"嫩枝"——我年幼的孩子，去他家拿春联。他多年临摹唐代书法家怀素的帖子，喜欢狂草，但他写对联都用正楷。每次拿到他端端正正、一笔一画写就的春联，我就会想起和他一起工作的时光，提醒自己要堂堂正正、扎扎实实地走好每一步。

从乡下调回县城，没有分到公房，我就租住了几年房子，但每年除夕午饭后，我还是习惯性地去张部长家拿对联。社会风气渐变，我觉得他比我年长一旬，不拿点礼品似乎不好意思，就带了点大糕和白糖。张部长除给了备好的春联，还临时加写了"座上清茶依旧，神州景色常新"一联。出门时，他拍着我的肩膀说："空着手来去才能立得直，处得长。"边说着，他爱人又往我的手提袋里装上了自家做的发糕和花生糖作为回礼。

我担任灌南县副县长后不久，分到了公房，想在客厅里挂幅书法作品。我以为"宠辱不惊，看庭前花开花落；去留无意，望天上云卷云舒。"很合意。此时的张部长已经到县政协工作。某个星期天我又去他家拜访，他看了联文，皱了下眉头，说这是古联，对仗工整，托景喻人，平实典雅，也有消极、无奈之意。他问我家的客厅面积和房子高度，让我量个尺寸告诉他，两个星期后再来拿。两周后我准时前往。他先让我看卷在报纸里的对联，之后又打开了四个卷轴，没想到是范仲淹的《岳阳楼记》，书成四条屏，已裱好，"先天下之忧而忧，后天下之乐而乐"一句首先映入了我的眼帘。

我明白他的意思，四条屏至今还挂在客厅里，每当有客人来访，我就向他们讲述四条屏的来龙去脉。

我到海州区担任政协主席时，张部长已经退休。他说政协工作的特点和方法与党政部门有很多不同，要用心摸索和适应。他写了"境由心造，事在人为"一联给我。我告诉他，以后我住市区，除夕不一定能回来了。他说，反正春联每年都给你留着。

张部长每年给我写春联，有两次最为难忘。

有一次，我从乡下去他家拿春联，回来的路上，自行车链子断了，此时离家还有近5千米的路程，也找不到地方修车，路上行人也少，冷风呼呼地吹，孩子坐在小座椅上冻得直哭。我的手套又掉了一只，手被冻得抓不住车把。于是推着车子走一会，停下来把孩子抱在怀里捂一会，走走停停好几次才到家。但等到家把红红的春联贴在门上后，所有的辛苦顿时烟消云散。

还有一次除夕，张部长没有午休，看书等着我，一直等到天快黑了也不见我来，于是就叫他儿子把春联送到我家。当时，我租住的房子大门紧锁，房东告诉他我和儿子上午遇到车祸，一家都在医院里。张部长就领着全家立即赶往医院看望我们。第二天房东到病房告诉我，昨天晚上，张部长和他儿子提着糨糊，打着手电，帮我贴好了春联。

君子之交，其淡如水。张部长不是把春联贴在我家门上，实际是把一份情谊贴在了我的心中。

(窦延忠)

石敢当

石敢当是一种民间甚为流行的镇宅之物，一般由精通地理、易经、占卜等的人以泰山石做成碑（或小石人）刻上（或书上）"石敢当"之类字样，用朱砂描红。旧时，一些屋门对着桥、巷口或道路要冲的宅子，都会在墙外立一石碑（或砌于房屋墙壁），上刻"泰山石敢当"字样，以求辟邪。这一习俗一直流传至今，在灌南城市的背街小巷或乡村农家仍能看到"泰山石敢当"的石碑。

石敢当在我国流传甚远，可追溯至汉代，最早的文字见于西汉史游的《急就篇》："师猛虎，石敢当，所不侵，龙未央。"在镇宅石上出现"石敢当"字样是在唐末。据宋代人王象之《舆地碑记目》记载：北宋庆历年间，福建莆田县令张纬维修县治，出土一块石碑，上刻"石敢当，镇百鬼，厌灾殃，官吏福，百姓康，风教盛，礼乐昌。唐大历五年县令郑押字记"诸字，是国内出土的关于石敢当的最早的实物资料。元明时期，"石敢当"与"泰山"合二为一，成为"泰山石敢当"。据明初温州人姜准所著《岐海琐谈》载："人家正门及居四畔，适当巷陌、桥梁冲射，立一石刻将军，半身埋之，或树石刻'泰山石敢当'字，为之压禳。"后逐步发展成在泰山石头上刻"泰山石敢当"等字样。此后，石敢当与泰山石敢当并存，同时，还有一些其他字样，如"石将军""石大夫""姜太公在此"等。

重视安邦定国是我国的传统，而表现在形式上，则要求国家将一座山作为镇国之山。泰山以"神山"著称，自古以来就被认为"配天作镇"，因此，有"泰山安则天下安"之说。由于泰山有"镇乾坤"之说，因此，取泰山上的石头来镇宅安宅，当然会鬼邪俱逃。"石敢当"与"泰山"联系在一起，就是出于这个缘由。

泰山石敢当是石敢当的传承与发展。无论是泰山石敢当还是石敢当，都是对泰山崇拜的拓展和升华。石敢当因泰山而壮威走遍天下，泰山石敢当成为泰山驻外的"和平使者"，它在精神层面上对中华儿女产生了巨大而积极的影响。它通过有形的石刻和无形的传说，把五岳独尊的泰山带到各地，凡是有华人的地方，凡是受到华人文化影响的地方就有泰山石敢当，有了一块泰山石敢当，就等于把泰山作为靠山、把泰山带在了身边。

泰山石敢当从出现到现在，历经千余年的风风雨雨，时而被定为"淫祀"或迷信之物，时而又象征泰山精神，使广大民众更加崇拜这一民族信仰之物。近些年来，随着人们对传统文化的认可，国人在批判泰山石敢当习俗的负面与糟粕之时，也开始关注其所承载的优秀传统文化。早在民国时期，一些学者便从精神文化的角度对泰山石敢当习俗的特质进行了论证。著名作家易君左先生在其所作的《定泰山为国山刍议》中陈述泰山精神："凡此赞仰泰山之伟大尊严者，其例甚多，如泰山北斗，示景仰人物之崇高……乃至'泰山石敢当'之意义，亦以表示泰山为生民生活之保障。盖吾国国民数千年来，所拥戴之一大自然现象，厥为泰山。社会生活，心理信仰，咸系于此。"这是最早提出"泰山石敢当"凝聚民族精神的文章，具有重要的历史意义。

在当时民族危亡的背景下，传统的泰山石敢当民间信俗被置于时代激流的风口浪尖，一改其镇宅护路的原有形象，开始充任凝聚人心、鼓舞斗志的象征物。如画家高龙生发表在《抗战画刊》1938年第22期上的画作《泰山石敢当，勇士敌难冲》，把泰山石敢当绘成一位抗日战士的形象。1942年夏，中国远征军由缅甸溃败时，失散士卒多赴阿佤山区抗击日寇，在阿佤山建立抗日游击队。他们在据守山地镌刻"泰山镇石"名号，用以励志振气。今云南孟定尖山西南尚存阿佤山游击队所留大字石刻"以戈待敌""泰山敢当"字样，虽风剥雨蚀，藓点苔斑，仍清晰可见。

随着国家非物质文化遗产保护工作的深入开展，泰山石敢当这一民俗开始引起社会广泛关注。2006年，我国政府公布了首批国家级非物质文化遗产保护名录，泰山石敢当习俗名列其中。著名民俗

学家叶涛先生指出:"泰山石敢当所表现的吉祥平安文化,体现了人们普遍渴求平安祥和的心理,展示了中华民族追求和谐的人文精神。从一个侧面反映了中华文明的历史延续性,因此它具有见证中华民族文化传统生命力的独特价值。"

目前,灌南仍有少数人家沿袭以泰山石敢当来镇宅这一习俗,请工匠在石头或石碑上刻"石敢当",使之兼具纳福与"符咒"的功能,也体现了灌南历史文化的悠久性和多样性,寄托着灌南人追求平安、吉祥、健康的美好愿望及"敢于担当、勇于负责"的历史责任感。

(胡长荣)

风物掌故

薅 脸

　　旧时灌南地区女子出嫁时，都需要薅脸，又称"净脸""开脸""开面""绞面""绞脸"等。薅脸，就是把额前、鬓角的汗毛拔掉，寓意别开生面，祝福婚姻幸福美满。它是汉族旧时的婚俗之一，也是我国古老的美容方法之一。薅脸，对于出嫁的姑娘来说，一生中只经历一次。因其寓意出嫁，故成为中国旧时女子已婚的标志之一。结婚当天，有的女子在上轿前于娘家薅脸，也有的女子到达婆家后再进行。薅脸这门手艺虽有母女代代相传的，但更多的是由被称为"全命人"的中老年妇女来做，她们通常都儿女双全、心灵手巧、人缘好。

　　薅脸据说起源于一个故事：隋朝时期，隋炀帝滥抢民女，为躲避官兵的检查，有户人家想出了一个主意，将出嫁女儿脸上的汗毛全部除去，把她涂脂抹粉扮成城隍娘娘的模样，顺利抬到了新郎家中。后来大家仿着做，久而久之，竟成了婚嫁风俗。

　　小时候，我经常见到母亲为前后庄邻里要出嫁的姑娘薅脸，哪怕再忙她也会放下手中的活。遇到好日子，一天能有好多个，有时出嫁姑娘还要排队等候。母亲从不收钱，但喜糖着实吃了不少。

　　薅脸的第一道工序是先将脸洗净，在脸上涂上一层厚厚的白粉或石灰粉（据说有减痛和杀菌的功能），接着用一条麻线或较粗的纱线，挽成8字形的活套，右手拇指和食指撑着8字的一端，左手扯着线的一头，口中咬着线的另一端，右手拇指一开一合，咬着线的口和左手一起配合右手，对折交叉呈剪刀状。但见双手上下舞动，两条麻线有节奏地一分一合、一松一紧，动作变换敏捷，汗毛就被缠绕在交叉的线上，然后被扯下；扯完下巴上的汗毛后，接着扯脸上的、额头上的，虽然每次只扯下一点点，但过不了多久，一张没有汗毛的光洁的脸就呈现在眼前。之后，还要对新娘的眉毛

"动些手脚",将其修成"月牙眉""柳叶眉""妃子眉"等。薅脸之后,重生的汗毛会较细,时间一长,毛囊收缩,汗毛越来越少,就能达到美容的功效了。薅脸后的姑娘看到镜中瞬间变得红润而光洁的自己,都会露出满意舒心的微笑。

我国从南到北的许多地方,都有给新娘薅脸的习俗,它实际上也可算是一种成人礼。离婚或改嫁的女人一般不再薅脸。有些地方在薅脸之前,主家会煮"开脸饺"分赠亲友以示吉祥,有些人会在一旁唱起开脸歌或说些吉利话来烘托喜庆气氛,长辈们则会教新娘一些为媳之道,久而久之,就形成了固定的押韵歌谣:

> 福筷举一双,贵气从天降,去污求吉利,百年得平安。一净额头,嫁人不会饿,劳动不怕累,孝顺有人爱;二净眼睛,消灾又解难,夫妻手牵手,一直到白头;三净祥鼻,佑家保平安,早生贵子喜,夫妻两和谐;四净嘴边,出口便是吉,上轿去婆家,今夜喜团圆;五净面皮,晶莹剔透肌如玉,纯净白嫩好姑娘,赐你富贵万年长;耳后,颈脖,处处干净,处处清白,全家幸福过一生。

一根红线、一双巧手,这就是薅脸的全部工具。作为一种古老的美容方法,薅脸已经不再符合时代的需求。这种古老习俗也已淡出现代人的视线。如今,越来越多的老手艺已渐渐失传,很多古老而具有传奇色彩的风俗习惯也渐渐淡出人们的视野。从某种意义上来说,这些手艺是老祖宗留给我们的历史精华,丢弃或仅仅保存在记忆中着实令人痛惜,为更好地丰富我们民族文化的内涵,我们有责任将它们传承下去并发扬光大。

(胡长荣)

记忆深处的老物件

回农村老家探亲，在收拾东西时，我发现了一些过去农村经常使用的煤油灯、棉柴钩子、镰刀、木锨等老物件。当年的生产、生活情景，立刻浮现在我的眼前。

煤油灯

记忆中，20世纪60年代末期的农村，晚上就已用煤油灯照明，那时的煤油也叫"洋油"。

据悉，煤油灯自清末从国外被引入我国后，好看的外观、数倍于老油灯的亮度、先进的燃料及科学的燃烧方式，使它一下子吸引住了中国人的眼球。有些外国的石油公司，更是把煤油灯作为销售自己石油产品的"敲门砖"推给中国的老百姓。他们为了占领市场，除免费给中国人提供煤油灯具试用外，还免费供应一些燃油。

煤油灯大多为玻璃材质，使用灯芯棉绳，外形如细腰大肚的葫芦，上面是个形如张嘴蛤蟆的铜制灯头，灯头一侧有个小齿轮，可控制棉绳的上升或下降，也可以控制灯的亮度。棉绳的下方伸到灯座内，灯头有螺丝绞与灯座相配合，故可把灯头扭紧在灯座上。灯座内注满煤油，煤油被棉绳吸收后沿着棉绳"爬"上灯芯头，在灯芯头表面气化挥发，使灯芯头一点就燃。

有的村民为了省钱，会利用废旧墨水瓶或药瓶，自己动手制作简易的煤油灯。他们首先在瓶盖上钻一个铅笔粗细的圆孔，将牙膏皮或白铁皮制成的灯芯模插到圆孔里，用棉绳或布条做灯芯，再从整个灯芯模内串过去，两头都露出灯芯，接着将煤油注入瓶内，然后扭上瓶盖灯头，简易的煤油灯就制作完成了。用火柴点燃就可以照明。为了点灯方便和增加亮度，农村的煤油灯大多没有灯罩。

20世纪60年代末期，煤油需要凭票到供销点才能买到。而且人们大多不富裕，为了节约煤油，经常是一家只点一盏煤油灯：晚上做饭时，把灯放在灶台边，做好饭后，再把灯拿到饭桌上，一家人围着灯吃饭；吃完饭后，再把灯拿到大桌子上，让孩子们围着写作业，长辈们则会借着微弱的灯光纳鞋底、织毛衣、缝补衣裳或做些剥花生、扒棉花之类的家务活。

由于煤油灯光不是很明亮，有的孩子为了看得清楚点，就会离煤油灯近一些，经常光顾着低头写作业，不经意间被火苗烧焦头发或眉毛。那个年代，晚上在煤油灯下写作业的学生，几乎没有不被煤油灯烧着头发和眉毛的。还有的小学生，写着写着睡着了，把煤油灯碰倒后，差点酿成火灾事故。

煤油灯用久了，瓶身就会沾上一层油垢，有一股浓烈的煤油味。使用煤油灯也需要一些小技巧。如果煤油灯的灯芯拧得过高，煤油大量气化，空气供应却跟不上，很多碳粒就无法燃烧，大量跑出来，就会形成缕缕黑烟，像旋风一样，左右摇晃着直冲房顶，不一会儿，灯芯生成"灯黑"，火苗就会变小，这时，用缝衣针或火柴杆挑一挑灯芯，把"灯黑"拨掉，火苗就会立刻变大。

在农村，就算点了煤油灯，晚上屋内也总是灯光灰暗，村子里、街上则找不到一点亮光，到处黑灯瞎火的。尤其是阴天下雨时，外面更是漆黑一片，伸手不见五指。外出串门或办事十分不便，不是踩坑就是碰墙，有时甚至撞树上。有一年冬天，邻村的一个村民，晚上外出办事回家，因天黑看不清路，加之路又滑，不慎掉进路边的水井里，幸被路人发现，抢救及时，才捡回来一条性命。

我到镇上念中学时，学校里还没有通上电，但学校规定，每天上午上课之前，要自习一个小时。冬季早晨上自习课时，天还没有完全亮，教室里更是漆黑一片，同学们就自己带着煤油灯到教室。每张课桌上点着两盏煤油灯，不大的教室里，就会有三四十盏灯。虽说不上多么亮堂，但也可算是"灯火通明""烟雾缭绕"，成为校园里一道亮丽的风景线，尽管同学们会被煤油灯熏得脸色灰暗、鼻孔发黑。

老家到20世纪80年代初期才用上电。那时候，电视机、洗衣机等家用电器在农村还是"稀罕物"，照明是电的主要用途。而刚通电那几年，因为电力供应不足，十个晚上里有八个晚上停电，白天不怎么用电，却反而有电，如此，大家还是离不开煤油灯。

如今，农村发生了翻天覆地的变化，老家过去的泥泞土路变成了宽阔的水泥路，路旁还安装了许多盏新式路灯，除天黑能照明外，白天也是一道亮丽的景观。电视、冰箱、空调、洗衣机、智能手机等得到了普及，许多家庭还购置了电脑，用以了解外面的世界，或开设网店，或从事文化娱乐活动，根本不用担心电力供应问题。曾经人们每日必需的煤油灯，早已被搁置一边，成了"古董"。煤油灯陪我度过了整个童年和少年时期，是我生活、学习的好"帮手"。煤油的香气一定会永久地流淌在我的记忆里。

棉柴钩子

棉柴钩子，也有叫"棉花拔子"的，是用来拔取棉花秸秆的一种小型农具。其技术含量不算很高，但设计充分考虑了人体与棉花秸秆的高度、力的作用效果等因素，也有相对固定的尺寸与要求。棉柴钩子由手柄（或称"抓手拐"）和钩子两部分组成。手柄多为木质，也有铁制的，手柄上一般都会包有棉布，目的是"养手"，尽可能减少手与柄的直接摩擦，避免磨伤手掌；棉柴钩子多是铁匠锻打而成。这种农具较好地解决了拔取棉花秸秆时人易受伤的问题。

过去的棉花秸秆都比较矮小，一般也就半米多高，不像现在的棉花秸秆又高又大。拔棉花秸秆时，人们通常用左手抓住棉花秸秆梢部，右手握好棉柴钩子的手柄，用弯钩套住棉花秸秆根部，然后用力往后往上猛地一拽，棉花秸秆的根部就露出了地面。拔下一株后，再用同样的方法拔另一株，如此反复，七八个人很快就能拔完一亩地里的棉花秸秆。不过，这是一种很吃力的农活。既要用力，还须弯腰，时间长了，腰酸背痛是少不了的。

如今，即使是在农村，也很难再见到棉柴钩子了。

镰刀

镰刀是农村收割庄稼和割草的常用农具，由铁制刀片和木质手柄构成，有的刀片上会带有小锯齿。过去农村每家都会有四五把镰刀，有大有小，大的接近100厘米，小的30厘米左右。大小不一，用途也就不同。大的镰刀主要是用来收割麦子、谷子、高粱、豆子等庄稼，小的镰刀一般给孩子们割草使用。

我念书时期，周末和暑假里都会拿着镰刀到地里去割青草喂猪喂羊，或晒干后卖掉，或送到生产队里去喂牛喂马。生产队会按青草的重量换算成工分，到年底分红。那时候的农村，没有多少经济来源，家家户户都会拔青草卖点钱，有时学校里让勤工俭学，也会发动学生利用休息时间拔青草，晒干后出售，以当作办学经费。

有一次，学校组织拔青草时，由于我自己不注意，镰刀把我的左手小手指头划出一条大口子，流了好多的血。同学领着我到邻村的卫生员那里包扎，半个多月才好。四十多年过去了，我的小手指头还留有一道很明显的疤痕。

木锨

木锨，顾名思义就是用木头制成的锨，长方形，片状（比铁锨大），一端安有长的木柄。木锨主要用于铲粮食扬场。麦子收割晾晒后，通常先用耕牛或拖拉机拉着石磙子碾压。之后，人们根据风向选择好角度，用木锨将麦穗铲起向高空扬撒，落下时，麦粒和灰尘、碎叶等杂质因为轻重不同就会落在不同的地方。

别看木锨轻便简单，没有什么特别的地方，但是使用木锨其实是个技术活。如果不得要领，麦子里的杂质扬不干净不说，麦子也会被扬撒得到处都是，不仅不好收拾，还会造成浪费。所以，过去每个生产队里都有几名公认的扬场"好把式"，负责每年打麦时扬场。生产队有上百亩麦田，一旦遇上适合的风向，扬场"好把式"们就要加班加点，甚至顾不上吃饭睡觉。农村分田到户后，人们碰上需要扬场的活计时,就会请扬场"好把式"帮忙。

到了冬季,木锨也可用于铲雪。我家的木锨几乎常年闲置,只有到了夏天或秋季时,它才发挥作用,能有效去除麦子和豆子等庄稼里面的杂质。

(宋振东)

灌河小鲹鱼

"土褐色的鱼体上仿佛又裹上一层薄薄的金色羽衣,凸显雍容华贵的形象,同时,一种浓郁的鱼肉香气扑面而来,让人瞬间产生吃上一口的愿望。"这是从年幼时就深深地留在我记忆中的、对刚出油锅的小鲹鱼的美好印象。

提起小鲹鱼,我就会情不自禁地流口水。我小时候吃鱼的技能很差,总是学不会把鱼肉里的刺分出来,曾经有几次被鱼刺卡了喉咙。但是,我又禁不住鱼的美味诱惑,总跟父母说想吃鱼。于是母亲就经常买一点门前灌河里盛产的小鲹鱼做给我们吃。

母亲喜欢将小鲹鱼洗净后,直接放进热油锅里炸。小鲹鱼经过油炸后,不仅外观惹人喜爱,吃起来更是别有一番风味。用筷子夹起一条刚出锅的小鲹鱼放进嘴里咀嚼,既能感受到刚出锅的小鲹鱼皮脆脆的口感,又能感受到鱼肉特有的香气和鲜嫩,特别是将鱼肉和软刺一起吞咽下去时,食物滑过食道,体内从上到下犹如毛刷轻轻刷过、痒痒嘘嘘。心头十分爽快,食欲也随之大增。

灌河是灌南人民的母亲河,享有"苏北黄浦江"的美誉。《灌南县志》在第六编第二章"河道治理"里是这样描述它的:灌河,又名大潮河,北潮河。全长74.5千米,河宽300—1000米,平均低潮水深4—9米,高潮水深9—12米,高低潮位差最大达4.96米,清康熙三十八年(1699年),河道总督于成龙在灌河下游设立苇荡营时,灌河才有简单的堤防。

由于灌河东入黄海,就形成了淡水和咸水相互交融的水环境,因此,灌河里除了盛产一些淡水水产品外,还盛产小鲹鱼及虾籽等特有的水产。小鲹鱼一般长约20厘米,大的叫"得胜",小的叫"鸡毛鲹子"。

灌河里一年四季都生长着小鲹鱼,除了禁渔期外,小鲹鱼就成为灌河两岸百姓餐桌上的"家常便菜"。近年来,小鲦鱼的价格在每斤10元到20元之间,是百姓们日常都能吃得起的地道河鲜。人们加工小鲦鱼的手法十分娴熟:将小鲦鱼倒进一盆干净的水中,用竹片或菜刀逐一刮去小鲦鱼的鱼鳞,接着拧掉鱼头、抠掉鱼鳃、挖掉鱼内脏,再用清水洗净,小鲦鱼入锅前的准备工作就算结束了。烹饪方式则是萝卜白菜各有所爱。灌南县政协原文史委主任、长期研究地方史志的王墡茂在其所著的《硕项湖》的第五篇"餐饮美食"中介绍了一道"大酱烧鲦鱼",文中说:"在清明时节,买来鲦鱼,把鱼收拾干净,下锅稍煎,放点农家自制的大酱,小火烧至成熟,吃时味道特殊。"而灌河岸边的农家最常用的做法是将洗净的小鲦鱼裹上面粉或直接把洗净的小鲦鱼放在热油锅里炸,炸熟即可食用;也有的人家此时继续拌入葱、蒜,添加酱油和盐等,倒进适量的水煮熟后再食用。

灌河里的小鲦鱼鳞细色白,在水中游动时银光闪烁,其体形侧扁,尾部狭长,口大,胸鳍上部有游离鳍条,尾鳍不对称,腹部有棱鳞。小鲦鱼一般雌大雄小,又因头大,亦有"小鳄鱼"的别称。小鲦鱼的外观与长江下游人们津津乐道的长江刀鱼非常相似。为了区分灌河小鲦鱼和长江刀鱼,灌河小鲦鱼又有了"海刀鱼"的别称。既然海刀鱼与长江刀鱼外形相似,一般人又不易区分,于是,市场上就上演了"狸猫换太子"的故事。一些鱼贩子瞄准灌河里的小鲦鱼,施起了"障眼法",他们将从灌河里刚捕捞上来的小鲦鱼收购到手,立即装入带有冰块的泡沫箱,随即快速运到江南等地销售,总会狠狠地大赚一笔。据说,"变身"长江刀鱼的灌河小鲦鱼,在南京市场曾经卖到过3000元一斤。我们庄上的一些老人在吃小鲦鱼时,曾豪情地说道:"农村生活就是好,3000元一斤的刀鱼我们经常上嘴,你说城里人能有我们这样的生活吗!"

灌河里的小鲦鱼真正的"大名"是什么?我就此询问了灌南县史志研究学会秘书长嵇会成,他不仅告诉我"鲦"字的写法,还告诉我"鲦鱼"只是一个俗称,真正的名字是"凤尾鱼"。他的说法得到了水产科技人员的证实。灌南县水产指导站的韦娟站长提供的一份资料显示：鲚鱼的真实名字叫凤尾鱼，俗称子鲚，学名凤鲚，属名贵的经济鱼类，因其尾部分叉，形状像凤凰的尾巴，短呈红色，尖细窄长，犹如凤尾，故得其名。凤尾鱼是一种洄游性小型鱼类，平时多栖息于外海，每年春末夏初则成群由海入江入河，在淡水入口处产卵洄游。难怪灌河小鲚鱼这么美味、这么惹人喜爱，原来它是名贵的鱼类。

《辞海》云："春夏集群溯河，分别到河流上游或在河口产卵，形成渔汛，产卵后又返归海中。"俗话说："立春十八潮，得胜往上游。"开春时节，春潮荡漾，正是捕捞凤尾鱼的时节，此时凤尾鱼大量上市。凤尾鱼多软刺，肉质鲜嫩，富含蛋白质、脂肪，味极鲜美，可晒成鱼干或制成罐头食品。

"刚逮的小鲚鱼谁家要买啊？"禁渔期之外的时段，伴随着灌河退潮的节拍，岸边就会响起欢快的叫卖声。这时，从一幢幢崭新的楼房里、一处处幽静的农家小院里就会传出一句句应答声："留下步啊，给我家称两三斤吧。""我家要斤吧。"在家门口就可以买到新鲜的小鲚鱼，这可以说是灌河岸边农家最为惬意的生活，能够真正感受到大自然给予人类的馈赠。

最近几年，灌河里的小鲚鱼渔汛大、持续时间长，这是灌河岸边村民的一致反映。灌河上游武障河闸的南边，是灌南县城向北通行的咽喉要道，每天人来人往，在非禁渔期里，这里每天还会形成短暂的小鲚鱼鱼市，吸引县内外的消费者慕名前来购买。

随着国家环境治理力度的加大，灌河的上游水系都落实了河长负责制，河水的断面水质都得到实时监控，这使得灌河水质显著提升，给小鲚鱼营造了非常适宜的繁衍和生长环境。县渔政部门加大捕捞业对保护水产资源的正面宣传和对违法违纪的执法打击力度，渔民们都自觉使用合规的渔网，让一些幼小鱼类能平安地留在河里繁衍生息，同时在每年禁渔期坚决做到不撒网，让竭泽而渔的现象不再发生。这些举措让灌河里的小鲚鱼生生不息，保证了两岸广大群众世代都能品尝到小鲚鱼的美味。

（陈勤）

消逝的惠池塘

惠池塘这个名字，现在想必只有老新安镇人才知道了。它本是毗邻新安镇老街的一大片池塘，听说最大的时候，一直从石头路延伸到人民路上。但到20世纪90年代，就仅止于蔬菜公司的南端了，再也没有了从盐河通来的活水。惠池塘周围本来有座惠祠堂，只是后来祠堂没了，又因"祠堂"和"池塘"谐音，这池塘也就成了"惠池塘"。新安镇老街西边的巷子几乎条条都通到这里，所以依街而居的老街人都只称它为后河。

20世纪60年代，灌南县蔬菜队承包惠池塘用来养鱼。每到收获的季节，池塘边人山人海，附近的居民带着工具一起去捕捞。那时隔着水面都能看到撒欢的鱼儿，听说曾有顽童捉住了游到水边的大鱼，骑在鱼背上，竟不能骑稳，反被大鱼带着跌到河里。

那个时候，池塘中央有个方圆百米的小岛，岛上布满芦苇，还长出数百棵大树。平日里，附近的居民常划着船到岛上去捡蛋，有鸟蛋，也有鸭蛋和鹅蛋。原来靠水的人家把鸭、鹅放养在水边，这些家禽总喜欢跑到岛中央去产蛋，就这样，小岛渐渐成了老街居民捡蛋的集中地。由于蛋很多，捡的人也颇有分寸，因此，从没有人因为这些"意外收获"而闹得脸红脖子粗。

小岛在当地人的心中是个神话。镇上老人说，从来没见这岛被淹没过，即使下再大的雨，街道都被淹没了，岛的中央却始终能露出水面。现在想来，这大概是因为新安镇的地势本就高于盐河，而且惠池塘当时又与盐河相通。可惜的是，到了20世纪70年代，小岛被挖，岛上生长多年的大树也被附近人家拖走，现在街坊邻居家里还有一棵当时岛上的大银杏树，惠池塘至此也就失去了很多野趣。随着时代的发展，惠池塘辗转为私人所承包，几番折腾之后，最终因为没有什么效益也就无人问津了。

惠池塘再次成了我记忆中熟悉的模样，也成了周围孩子们的乐园。当街的孩子有空就到塘边去钓鱼，运气好的时候能钓到几条筷子长的鲫鱼，这在当时可算是难得的不被家长责骂的游戏了。如果贪玩一些，从石头路上二招（县委第二招待所，后为老党校）的正门绕过去，就可以来到池塘的对岸。这边的岸是水泥做的，有约一尺宽，胆大的小伙伴常炫耀敢在上面跑。靠着岸边是一片由百十棵高大的水杉组成的小树林，每棵树都有二三十米高，笔直的树干、塔形的树冠让这片小树林虽紧凑但不显拥挤。孩子们可以来这里捉迷藏、荡秋千。每次在二招玩着玩着就会忘记时间，家里的大人找不着孩子了，就会顺着巷子走到塘边，对着对岸喊上两嗓子，十有八九都能找到自家的小孩。

随着灌南迅速发展，各家都建起了小楼。周边的住户开始毫无顾忌地向惠池塘里倾倒生活垃圾，一时间，惠池塘成了臭气熏天的臭河。再加上有些临水的住家有意识地用各种东西填塘，扩大家里院子的面积，惠池塘便被"日削月割"起来。

此时的惠池塘再也没有了往日的风光，塘边和近岸的河面上散布着大片垃圾，再远一点的地方则长满了萍草，即使河中间漏出的河水也似被涂了绿颜料一般。整个池塘杂草丛生，恶臭不堪。塘里虽有鱼，但鱼满是腥臭，再也没有人吃了。

前几年，有个开发商相中这里，填塘成地，盖起了小区，惠池塘彻底地淹没于灌南历史的尘埃之中。

（汪刚）

风物掌故

一条废河叹沧桑

在原花园乡境内,盐河与一帆河之间曾经有一条古河道——北洋河。北洋河是人工河还是黄河夺淮入海过程中形成的自然河,暂时无据可考。但有一个神话传说一直在流传:五代时,后梁铁枪大将王彦章撑一艘铁船,在一片汪洋中,铁船犁铧似的犁开一道数丈宽的深沟,将洪水引入大海,方解万千苍生于倒悬。这道深沟便是北洋河。

元末,为避战乱,有晏资、晏贯兄弟二人,携家眷从苏州阊门来到时属淮安府安东州涟水郡东北八十里之地安居。当时,此地白碱茫茫,蓬蒿稀疏。晏氏兄弟两家人硬是在这块鸟雀都不落的盐碱地上开荒种粮、沥土晒盐,扎下了根,繁衍着后代。而当时的北洋河便是晏氏族人的饮用之水、浇灌之水。晏氏先人还在河上建了一座石桥,便于到河北拓荒。北洋河西接通涟河(即后来的盐河),东连一帆河,而一帆河北上后汇入大潮河(灌河)入海,又因河道上没有节制闸,是以北洋河水会随海水的涨落而涨落。某日,海水涨潮,东岳大帝和东海龙王的两尊泥身大佛一路从灌河漂至一帆河又折至北洋河,在石桥下盘旋着不肯离去。晏氏族长指挥族人捞起大佛,在石桥东南方向一箭之地,合全族的人力、物力,历经多年建起一座庙宇。庙宇中,除了正殿供奉着东岳大帝和东海龙王两尊大佛外,偏殿里还供奉有玉皇大帝、观世音菩萨等诸神佛及十八罗汉,晏氏宗祠也建于庙中。此地也有了正式名称:晏庙。

北洋河呈西南—东北走向,水面宽逾五丈,当时的一般舟船皆可通行。她是此地晏姓人家的母亲河。

隐约记得,儿时,门前的这条北洋河虽然已经不行舟楫,但依旧岸草青青,河水碧碧。曾经的石桥早已不见,代之几块条石方便前后庄上居民往来。两截位于当时我所在的生产队的河段,里面栽着莲藕、菱角。包产到户后，已被平整为田地。四十年岁月几近抹去了我对它们熟悉无比的记忆。

因与友人武君谈起过北洋河，2020 年，晚秋时节的一个下午，武君约我与汤君一行三人来到实地。

到了庄子上，正见西邻的本家大哥在门前晒太阳。问他是否还记得北洋河过去的样子，他告诉我们，在他少时，河中还是船来船往，颇为忙碌。后来新开挖了花园河，北洋河才断流乃至渐渐淤塞，直至成了若干截，像一条被乱刀砍了的长蛇。

不记得具体是哪一年了，但肯定是在我十五岁之前。那年，秋老虎仍很厉害。晚饭后，一大家子散散落落坐在院子里乘凉。我正仰着头数天上的星星，突然感觉有什么东西爬上我的脚面。低头一看，竟是一只螃蟹。我下意识地一蹦老高，螃蟹被甩得肚子朝上。父亲眼疾手快，一把将其摁住，那是一只足有四五两重的绒螯大螃蟹。那时，我们那儿已经旱改水了，稻田用水都是洪泽湖水通过苏北灌溉总渠输送来的。洪泽湖里鱼蟹多，每到夏秋时节，稻田里、沟渠里，不经意间就会见到或大或小乱跑乱窜的螃蟹。

父亲告诉我们，家门口的这条河，从前没断流的时候，鱼啊虾啊蟹啊多得很。夏天，河南河北与他一般大的小伙伴，几乎整天泡在水里。晚秋时节，正是螃蟹最肥美的时候。那会儿，他会和我的爷爷扎一张差不多与河面等宽的芦柴帘子，到了晚上，便把帘子插进河里，帘子后放一口水缸，水缸的上方挂一只马灯。螃蟹是向光动物，看见灯光，就会从远远近近的地方过来，顺着帘子爬，爬到帘子顶端，就会掉进水缸里。常常半宿的时间就能收获一百多只大螃蟹，不足二两的小螃蟹则被扔回河中。这么多螃蟹得用两口大铁锅煮上，一家人大快朵颐过后，再一起动手，把蟹膏、蟹黄、蟹肉剔出，放簸箩里晒上几天，晒干后密封起来，待吃的时候抓上一把，无论搭配大白菜还是冬瓜，都是一锅鲜美无比的大菜。用簸箩晒蟹膏、蟹黄、蟹肉，这在当下，该是一种怎样的奢侈生活啊！不只是螃蟹，那时，河里的鱼又多又大，七八斤的草鱼、二尺多长的白条、一拃长的长腿大青虾，不一而足。

供奉着神佛罗汉的庙宇和晏氏宗祠毁于何时、如何毁的，已无人知晓，既没有口口相传，也没有书面记载。我只知道，当年的庙宇之上，建了一所七年制学校，我就是在这所学校读了七年书。

曾经无数次在脑海中还原北洋河的模样，还原庙宇的模样，却怎么也还原不完整，总是一副支离破碎的模样。一条有着传说的河流，怎么就悄无声息地消亡了呢？不应该啊。我们这一代过后的子孙，谁还会知晓北洋河的前世今生？还有，那座在家谱中记载的庙宇，在香火旺盛之际，每年的农历三月二十八庙会之日，方圆几十里上至地方官吏、下至村民商贾和虔诚信众都会来敬香拜佛，并将带来的手工艺品、农副产品乃至家禽家畜进行交易。那样的年代，那样的场面，是多么繁华又接地气啊！

假如北洋河还在，庙宇还在，历代的地方官吏和晏氏族人对庙宇勤加维护修葺，如今的晏庙，又会是怎样的一番面貌呢？在鲜见文化遗存的海西地面上，是不是多了一处比那些人工景点更真实更有内涵的遗存？一条古河流，河边还有一座香火延续六百年的古庙，其所蕴含的文化意义怎么想象都不为过。

（晏习生）

谱牒序传

- 百姓人家谱牒　一方历史人文

- 《怀氏宗谱》序

- 《成氏宗谱》（敦伦堂）序

- 修续《相氏宗谱》序

- 沈云沛家族世系考源

- 续修《惠氏宗谱》序

百姓人家谱牒　一方历史人文

家谱是中国特有的文化遗产，它与方志、正史构成了中华民族历史大厦的"三大支柱"。

"夫家有谱、州有志、国有史，其义一也。"家谱记载着一个家族的发展脉络，不仅是一个家族的发展史，也是一个家族所蕴含的文化和精神面貌的集中体现，所谓木本水源、慎终追远、昭穆有序。苏洵《苏氏族谱引》云："呜呼！观吾之谱者，孝悌之心可以油然而生矣。情见于亲，亲见于服，服始于衰，而至于缌麻，而至于无服。"《颜氏家训》："欲不可纵，志不可满。宇宙可臻其极，情性不知其穷。唯在少欲知足，为立涯限尔。"这便是谱牒的教化功能。

千年以来，百姓人家的谱牒浩如烟海，谱牒之中蕴藏着大量的历史人文信息，可以弥补方志、正史的不足，如刘园村的《刘氏家谱》中有吴承恩撰写的墓志铭人物的记载，新安镇的《程氏家谱》中有乾隆年间新安镇图，刘园村的《孙氏家谱》中有大儒鲁一同的文字等。正如毛泽东同志指出的，搜集家谱、族谱加以研究，可以知道人类社会发展的规律；也可以为人文、聚落地理等研究提供宝贵的资料。

一县之境，百姓人家谱牒各有特色，谱牒之中的优良家风、家训、家规比比皆是，可谓一本本厚重而有个性的中华传统文化宝典。"守祖宗清白二字，教子孙耕读两行"是最朴素、最本真的言语，它教育了无数中华儿女。与此类似，各姓谱牒中所蕴含的中华传统文化精髓也被一代代人传承并发扬光大。周恩来总理也说过，一个爱国的人，没有一个不爱家的。爱家是爱国的起点，了解家谱、乡情，是懂得国家的开始，只有了解乡情，懂得国情的人，才能真正热爱祖国。

灌南，古称海西，有着两千多年的建置史。从汉武帝时期的

"食邑八千户"，到 2021 年发布的县人口普查数据——户籍人口 81.84 万，这片土地上应当有几百个姓氏。据 1992 年《李集乡志》载，该乡有 76 个姓氏，其中，王姓人口数 2369 排第一、李姓人口数 1745 排第二。又据《汤沟镇志》（草本）载，该镇有 224 个姓氏，其中，汤姓人口数 4153 排第一、张姓人口数 2613 排第二。地名是人文历史的活化石，张家店、陈家集、孟小垛、封港咀、大于营等地名之上，一条家园来时的路痕迹依稀。然而，如此悠久的历史、如此众多的人家，流传于世的古谱善本却少之又少。如今一些村庄姓氏人家已经无法寻根了。

> 问我祖先何处来，山西洪洞大槐树。
> 祖先古居叫什么，大槐树下老鹳窝。

县境人家谱牒的最大特色便是"迁徙"。各姓人家或因朝廷之命，或因鱼盐之利，或因开荒垦田，或因战火、水患逃荒等而迁徙至此。有从山西来的武姓、王姓、阎姓，有从山东来的孙姓、杜姓、于姓，有从苏州阊门、徽州歙县来的周姓……

《新安镇志》载："大明洪武登极之初，虑大族相聚为逆，使各道武员率游骑击散，谓之'洪军赶散'，子孙相承，定为世例。传至嘉靖，适奉旨击散，而苏之阊门周姓、常之无锡惠姓，以及刘、管、段、金皆被赶散，来至朐南芦苇荒滩，遂各插草为标，占为民地，以作避兵之计。后人烟日繁，乃诣州请为民，州牧载入版图，是为里人。"

怀氏，百家姓排名三百开外的一个小姓，居然在县境有着上千口人，古莞渎河畔的大怀庄一带是他们的祖居地。如今鹏程路之南古河残存，新庄亮丽，一边是历史记忆，一边是田园风光，正如《莞渎杂咏》中所吟的："为问沧桑处，经今几百年。"

成氏，元代从朐阳迁居莞渎场头总地方（今灌南三口镇汪圩、长兴一带），明朝编为灶籍。据续编的《成氏宗谱》记载，成氏迁至县境至今已传二十多代。成氏家族的地望——莞渎场是历史上著名的盐场。追溯历史，金时创立莞渎巡路并置巡检，元时置莞渎盐场，明洪武年间设莞渎场大使，清乾隆元年（1736年）莞渎场并入中正场……大海早已远去，"头总"永为过往，"欲访煎盐迹，空余伐荻湾"（清·周崇勋《莞渎杂咏》），如今唯有莞渎村的地名还能品咂出一丝历史的咸味。

相氏，明代古谱犹存，谱牒之中记载着著名大儒相才之名。相才，字用庵，著有《朐阳纪略》，填补了海州二百年无史志的空白。其《大伊山记》："淮北平川，二百里始睹一山，曰大伊，故乡北三十里。"可谓蕴含着浓浓的乡愁。

连云港史志专家李彬先生关于沈云沛的家族世系考源，拨云见日，功力十足。沈云沛，近代实业家、政治家、教育家，邮电大臣，沿海滩涂的早期开拓者，东陇海铁路的奠基人，海州师范学院创始人，与许鼎霖、张謇并称为"江北三大名流"。他与灌南渊源颇深，县境张店、孟兴庄一带是他的祖居地，这里的沈氏与其一脉同根，他还为相才《朐阳纪略》、封人祝《石雁堂诗集》作序。

《续修惠氏宗谱》之序为我县著名的语文教学专家惠达康先生所作，谱序详细地叙述了家谱编修的过程及续修谱牒的意义。惠姓是新安镇一个大姓，自古及今，名人辈出，惠浴宇、周惠（原名惠美珏）等老一辈无产阶级革命家的高风亮节永远让后人景仰。"牢记祖辈恩德，弘扬祖辈好思想好品德，为国为民，不断作出新的更大的贡献。"（注：谱序中语）先生诲语谆谆，时刻不忘自己的教育人身份。先生虽已仙逝，但那嘶哑的灌南普通话言犹在耳。

县境百姓人家的谱牒简直就是一部厚重的人口迁徙史，也是每一个家族的人文史。汲取精华，剔除糟粕，去伪存真，景贤扬善，以史为鉴，为我所用，这是我们对待历史应有的态度。今天我们从众多的家谱中摘取几姓人家的谱牒文章，来感悟一姓家族筚路蓝缕的历程，回望家园来时的路，是为了更好地建设未来家园。

（武红兵）

《怀氏宗谱》序

　　溯自姬姓分国自周始也，后为始皇吞并，宗法遂废，怀氏人丁流散，谱牒难修，屡遭乱世，苦重甚焉，由苏迁徙未尝忘意，爰考唐叔虞食邑于怀，此怀氏得姓之始也。予前来署海州得遇远宁灿三位，高操各履，相敬相爱，故留是额以表示。明崇祯三年五月闯兵至，人丁散处，荣之公自苏州阊门惠五并附二里三甲，迁至扬州，复由扬州转迁海州新安镇莽留庄，遂于家焉，请海州赵州尊载入版图，永为良民，耕读教子，犹忆先人序公于三国时，弃吴尚书郎归隐，至宋史怀亲公为刑部主使，后逢乱世，隐居不仕，迨荣之公迁海，本吴地旧族之祖德，发展朐阳之家声，此乃无忝于先人也，至万志公于莞渎河北岸古渡口，兴基立业，创置田产，有百万豪富之誉，克勤克俭，最重人伦，周邻里之急，辅朋侪之难，是以村落绵绵，子孙繁衍，于以知万志公积之厚流之光也，延及远弟，身体魁伟，幼习马步刀弓矢石之武略，沐圣朝之洪恩，得采芹香，予住扬州，犹忆远宁灿三昆仲，睦族敦伦，水源木本，难以恝然，是为叙。

清康熙八年（1669 年）
族弟五品衔前署海州正堂　怀渭川谨志

《成氏宗谱》（敦伦堂）序

惠於宗公，《诗》咏之矣；垂裕后昆，《书》言之矣。是知追先迪后，乃立身之大节，传家之要也。

先宗本朐阳里民，城居官宅之西，田居磨项之汭，丁多户大，是一望族。虽世远年湮，而基址板册历厝可稽。昔因元季，洪水军乱，星散四方，有避居东海者，有避居赣榆者，有避居盐城、海门者，与夫山东马耳者，今皆源流莫识矣。

唯予经、纶二祖，避居莞北头总地方，大明定鼎，编册现存。欲返故庐不可复得，是以为莞渎民灶。相传至今，历世一十有四，历年四百五十有九。前辈英俊代出，名成而光大门庭者有之，学优而报效王家者有之。奈予生也晚，又兼谱系失序，先人功名官职，不能述其详细，故取其前人所道与学册可考者言之。

忠厚开基，其我始祖之图为也。克振家声，其我二世祖之堂构也。

三世祖功以髫年而夺天荣，此语系太高祖有仁公序中所载，未详其功名何指。然凡我经、纶二始祖之后，类多名列胶庠，至高祖元臣、台臣二公以及伯曾祖璁公等，康熙年间均游泮水。曾祖玮公以考取而授登仕郎之职。又有伯曾祖西池公经史满腹，考文未就而入武学，尤善书法，大小字迹流传奕世，如今不朽；又如叔父素先、嘉式二公职捐左堂之衔，嘉庆年间州宪唐公编修州志载入其名。其余功名人品，不能尽知，即知之亦不必尽序，皆于谱中名下注之。今族长德泰公与族叔云公等虔心修谱，逐户查入，奔走百里，不畏风霜之苦。其意以为修成谱系，授之本家，恐异日者，吾族或流离失所，或迁居异乡，数传后再聚一方，可执其谱而叙同宗，虽百世之远，不难溯渊源于一脉也。因谆谆命予作序，予实年少学浅，不敢妄言。聊率太高祖有仁公所作之序而序之，以冀后世

之不忘本云。

清道光五年十二月旺日，由叔祖德泰公号际昌命侄孙光第号位东谨识，族众自成、自云号韶美、献南二公偕侄照炯、侄孙增桂同修。

十一世　成光第

注：《成氏宗谱》为清道光五年（1825年）成光第撰写，记述其始祖成经、成纶于元朝末年从朐阳（今海州）迁居莞北头总地方（今灌南三口镇汪圩、长兴一带），编为灶籍。据新编《成氏宗谱》统计，从成经、成纶兄弟迁居三口镇至今已有二十多代，后裔人口合计6000多人。该序言对研究灌南县人口迁徙、海岸变迁、莞渎场盛衰都有其史料价值。

修续《相氏宗谱》序

盖闻古之修谱者，每三十年必一修续，以其三十年为一世故也。

我相氏原居西河，由宋元之际，为洪军赶散始迁海属而居焉，世世相传。至明朝万历年间，六世祖孝子仪公见合族枝派繁多，户口日增，谱系不明，难以考证，且以慎终追远之心，敬宗睦族之意，始创成家谱，绘鼻祖福禄公及前世祖图像十八座，枝派分别，湾湾界明，其用心之深，厥功至伟，无以复加矣！延至清朝乾隆三十年，海州城内克贤公发起重修，亲到各省、州、县，访查明白一族共二十七枝，方期就绪，一手修成，不幸中道病殂，未果。至光绪年间，才公[1]与侄桂仙复行修续，多年亦未果，但谱根现存，谱绪已就。

光灿于民国二十三年受桂仙之遗言，乃聚集附近众族而谋曰：家谱不成，犹木之无本，水之无源也。族谱枝派繁多，或居异省无所问询，虽迭出广告，征求面叙，或请有草谱邮寄修谱处，迄今无一至者。观族谱之难成，而枝谱不可不修也。灿出是论，众皆悦服，于是乃将附近相氏一枝续修而成，印谱八十部，所有迁居外省外县有讯可通者皆发给一部，希诸后人发福发祥，能关心宗派者出而访修，将二十七枝联成一谱，合族幸甚，并希自今以往，每三十年一修续，照谱添丁，踵而修之，庶可永无迷失之时矣！

是为序。

十五世孙光灿　撰
十九世孙裕俊恭录

---

[1] 才公，即相才，字用庵，清海州张家店人，著有《朐阳纪略》等。

沈云沛家族世系考源

沈氏源流

沈氏为中华大姓，家族历史有两千年之久。唐代林宝《元和姓纂》与《新唐书·宰相世系表》中均对沈氏起源有较详细的记载。沈氏出自姬姓，周文王第十子聃季载受封于沈国（今河南平舆北），春秋时沈国因与楚国等诸侯国结盟，以致得罪于晋国。公元前506年，在晋国的支持下，沈国被蔡国所灭。沈国亡国后，沈子逞投奔楚国，以国号为氏，遂为沈氏。沈子逞裔孙沈戎，在东汉时任光禄勋之职，将其家族徙居到会稽郡乌程县，汉灵帝时分乌程县为永安县。到了晋朝又改永安县为武康县，隶属于吴兴郡。沈氏望族自东晋以后，聚居于吴兴郡武康县。纵观六朝时期，吴兴沈氏一族名人辈出，位列将相者比比皆是。如东晋名将沈田子、沈林子，南朝宋大将沈庆之、沈攸之、沈敞之、沈文季，南朝宋侍中沈演之，南朝梁尚书令沈约等均为当时显赫一时的人物。到了南朝陈时期，沈君理官至中书令、尚书右仆射，封望蔡侯，掌朝廷之实权。只南朝陈时期，沈氏一族出了两个皇后，五人尚公主，为吴兴沈氏家族之巅峰时期，荣耀甚至盖过南朝士族之首的王、谢二族。吴兴沈氏历隋、唐二代，仍兴旺不衰，有"天下沈氏出吴兴"之说。

沈云沛家族源流争论

2018年是海州乡贤沈云沛逝世一百周年。沈云沛，字雨人，号雨辰，海州西门人，清同治十二年（1873年）癸酉科江南乡试举人；光绪六年（1880年）以大挑知县分发浙江，十征却命；光绪二十年（1894年）甲午科殿试中式二甲第八十六名进士，授翰林院庶吉士，后历官翰林院编修、邮传部左侍郎、署理尚书、吏部右侍郎、津浦路会办大臣等职，是清末海州地方实业巨子，与张謇、许鼎霖并称"江北三大名流"。他曾创办或参股海州溥利树艺公司、鸿门果木试验场、海州硝皮厂、临洪油饼厂、海州毛巾洋胰厂、云台茶叶树艺公司、海丰面粉公司、海赣垦牧公司、赣丰饼油公司、耀徐玻璃公司等诸多地方实业。此外，通过他的努力争取，北洋政府交通部将陇海铁路东段起点定于海州西连岛，这条铁路的开通与海州开埠和连云港的兴建均有直接关联，对家乡地方经济的发展和推进做出了不可磨灭的贡献。多年来，我市地方学界对于沈云沛先生的家族世系源流多有研究，但研究成果众说纷纭，莫衷一是，难以定论。大致有两种说法：一是由常州迁海州阿湖再迁海州说，二是由湖州迁海州说。沈氏家族对海州近代史的影响巨大，我多年从事地方文史研究，对海州沈云沛家族源流的研究自当竭力而为，经过多年的资料收集，始累字成篇，借此发表自己的拙见，还望各方家不吝指正。

阿湖沈氏

第一种说法认为，沈云沛家族源出常州晋陵金台沈氏轩三房迁徙海州西乡阿湖镇沈氏的后裔，其族主要居住在海州西乡阿湖等地。连云港市博物馆也藏有《朐山沈氏族谱》抄本一册，其一世祖为沈继源，世系中的沈泌、沈治、沈祥恩、沈绶恩与《阿湖沈氏谱》中记载的世系如出一辙，经对比核实，谱中的"朐山沈氏"正是从海州西乡阿湖迁来。

而吴廷燮《清授光禄大夫沈公雨人墓志》记载："公讳云沛，字雨人，江苏东海人也。曾祖光道，祖士杰，蕴德邱园，策名黉序……父讳观国明经有举。"由此可知，沈云沛祖上三代分别为沈光道、沈士杰、沈观国。墓志中出现的"曾祖光道""祖士杰"均为人名，而非表字，表字是不可能称之为"讳某某"的。但我发现，《阿湖沈氏谱》与《朐山沈氏族谱》中均记载沈绶恩无嗣，也不见沈泌、沈治、沈绶恩三人字号分别为"光道""光奎""士杰"的记载。众所周知，沈云沛家族世居海州西门内，清人相才《朐阳纪略》一书中有沈云沛父亲沈观国的记载:"观国先生,字利宾,西门恩贡。"而《朐山沈氏族谱》中称其族世居海州东门,而非海州西门。东门沈氏家族的沈祥恩、沈济宽等为地方名士,沈祥恩曾著《海邦文献拾遗》一书;沈济宽为晚清生员,曾任海州中学堂会计,在地方均有一定影响。《朐山沈氏族谱》的谱系一直延续至民国初年,但通览全谱,竟找不到沈云沛家族的任何痕迹。由此可知,居住在海州西乡阿湖一带的沈氏与海州东门沈济宽家族实为同一宗族,源出常州晋陵金台沈氏,但与西门沈云沛家族是没有关联的。

海州南乡吴兴堂沈氏

除了《朐山沈氏族谱》外,我在沈耀飞先生家中见到了1913年沈采臣所著的《吴兴堂沈氏草谱》抄本一册,第二种说法即出自该谱。吴兴堂沈氏世居海州南乡张店、龙沟、南岗一带,草谱原为乾隆五十七年(1792年)吴兴堂沈氏迁海第八世孙沈方恒所撰,到了1913年,第十二世孙沈采臣抄录前谱,并补充后续世系。沈采臣曾在锦屏山沈家祠堂内读书,闲暇时编辑此谱,在谱序中述及曾为编修宗谱事求助族叔雨辰公,但因雨辰公公务繁忙,未能及时给编修家谱提供帮助,使编谱之事搁置,仅著有草谱面世。此处的"雨辰公"即指沈云沛。

据《吴兴堂沈氏草谱》记载:吴兴堂沈氏始祖为镇钦公,是浙江湖州归安县人,明代来海州任惠泽巡检司,卒后归葬于原籍。镇钦公生得春、诏、宽、时、英五子,其中,长子沈得春,留居海州,其余四子皆回湖州原籍,沈得春即为海州始迁祖。沈得春生三子:继祖、继宗、继业。继祖号绍湖,意为继承湖州祖宗的血脉;继祖生思贤,字明宇,葬于海州南乡张家店龙沟口盐河西岸;思贤生二子:凤翔、凤翱,凤翔字仪停,迁居南岗,凤翱字仪之;凤翱生五子:维垣、维屏、维翰、维范、维城;维屏字介侯,生四子:二西、三重、四德、五常;五常号经图,生三子:光奎、光道、光表。至沈光道这一辈,与前面所述的沈云沛世系相接。

虽然《吴兴堂沈氏草谱》与沈云沛家族的世系吻合，但此谱为红格草谱，尚不能草率判断草谱内容的真实性。因为中国古代许多家谱中有很多附会之作。沈云沛一族在清末显赫一时，会不会有家族故意高攀，令人质疑。所以，此谱只为孤证，尚不能充分说明沈云沛家族来源于湖州归安这一支。

沈氏父子同年齿录

无独有偶，近日我在查阅资料时，有幸得到两份晚清时沈云沛父子科举同年齿录档案，一解其惑。齿录原意为收录、录用。同年齿录系明清两代科举时汇刻考生姓名、年龄、籍贯、世系及授业师姓名等内容，是具有官方权威性的考生身份证明。第一份为沈云沛次子"沈蒨光绪三十三年丁未科举贡考职同年齿录"，齿录中记载："沈蒨，字仲长，号小渔，行二，光绪庚辰年九月十六日吉时生，江苏海州廪膳生，民籍。曾祖讳士杰，妣氏王。祖讳观国，妣氏宋。父讳云沛，母氏吴。胞伯祖观同、胞叔祖观周。"

但这份资料只述及沈云沛祖上三、四代，尚不能说明源流问题。而另一份科举文献则为"沈云沛同治癸酉科江南乡试同年齿录"。这份文献的发现，使沈氏先世的源流谜团彻底解开，同时在这份齿录中，也发现许多新的史料："沈云沛，字雨人，号水星，行四，又行二，咸丰丁巳年六月二十二日吉时生，江苏海州直隶州附生，民籍，原籍浙江湖州府。始迁祖得春，前明东海所千户，诰授武略将军。七世祖思贤，七世叔祖思聪、思明、思智。六世祖凤翱，六世伯祖凤翔。太高祖维屏；胞伯太高祖维垣；胞叔太高祖维翰、维范、维城。高祖五常，庠生；胞伯高祖大经、二西、三重、四德。曾祖光道，庠生；胞伯曾祖光奎，庠生；胞叔曾祖光表，庠生。祖士杰，庠生。父观国，廪生；胞伯烺如；胞叔观周。胞兄云见，太学生，议叙七品。"齿录中记载的沈云沛的先辈世系与《吴兴堂沈氏草谱》几乎不谋而合。我们也从齿录中得知始迁祖沈得春是因为在东海所任千户之职，才定居海州，这弥补了草谱中的不足。另外，齿录是清代科举档案，考据极其严密。凡是考生或考生的前代有承祧他人历史的，都要标明本生祖某、亲生祖某，或本生父某、亲生父某。而"沈云沛同治癸酉科江南乡试同年齿录"中的沈光道为沈云沛曾祖，沈光奎是沈云沛的胞伯曾祖，并未标明是沈云沛的本生曾祖，而《清授光禄大夫沈公雨人墓志》中的记载与"沈云沛同治癸酉科江南乡试同年齿录"相吻合。所以，我认为，在没有其他历史文献作佐证的情况下，当以齿录与墓志为准。综上可知，海州西门沈氏实际是明惠泽巡检沈镇钦的后人，海州南乡吴兴堂沈氏的分支，从第五代沈五常由海州南乡迁至海州城，时间大致为清雍正乾隆时期。

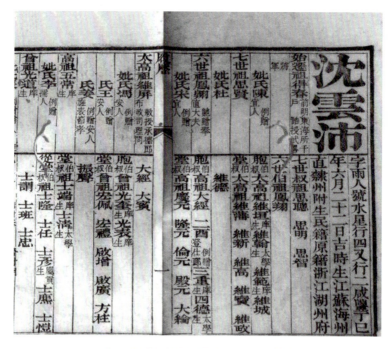

沈云沛同治癸酉科江南乡试同年齿录

海州吴兴堂沈氏世系表

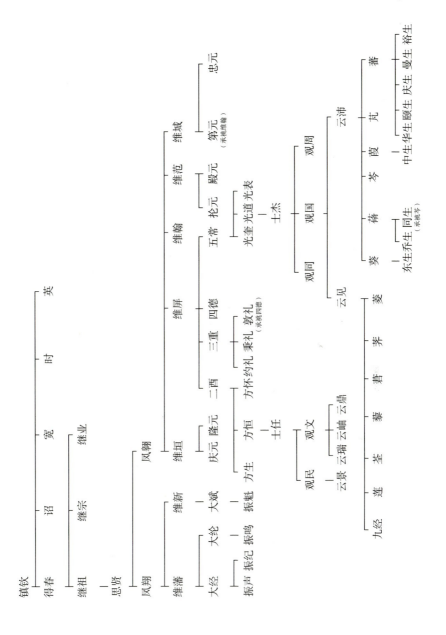

行文至此，沈云沛家族的源流已经基本清楚了。海州西门沈氏并非出自晋陵金台沈氏，而是出自浙江湖州归安县沈氏。沈云沛为明代海州惠泽巡检沈镇钦的第十一世孙、东海所千户沈得春的第十世孙，其迁海后具体世系为"沈镇钦——沈得春——沈继祖——沈思贤——沈凤翱——沈维屏——沈五常——沈光道——沈士杰——沈观国——沈云沛"。

沈云沛先生系海州实业大家，为海州的地方实业做出了巨大的贡献。我认为，厘清他的家族源流，对研究海州地方文化有重要意义。最后，根据《吴兴堂沈氏草谱》与"沈云沛同治癸酉科江南乡试同年齿录"的记载，我特意制作沈云沛家族的"海州吴兴堂沈氏世系表"，以作参考。

参考文献：

涂林林：《〈清授光禄大夫沈公雨人墓志〉考释》，《淮海工学院学报（人文社会科学版）》2014年第12期，第75-77页。

（李彬）

续修《惠氏宗谱》序

据《元和姓纂》和《万姓统谱》记载，东周第五代君主姬阆（làng），公元前676—652年在位，谥号"惠"，其后代便以先祖谥号为姓。因此，惠姓始祖是周惠王，惠姓历史已有近2700年。

在漫长的历史进程中，惠姓和其他姓一样，有众多的名人。

惠子（施），春秋战国时宋国人，与庄子（周）为友，哲学家，是名家代表人物。他具有朴素的辩证法思想，主张"合同异"（合万物之异）说，认为一切差别、对立都是相对的，著有《惠子》一篇（已佚）。庄子《天下》篇中称其"多方术，书五车"。他的言行片段散见于《庄子》《荀子》《韩非子》《吕氏春秋》等。他做过魏相，主张联合齐、楚以抗秦，欲破张仪连横之计，未能如愿。

惠庄，西汉元帝时长安名儒。

惠乘，汉代交趾太守，治邦很有办法，人民得到实惠，时称"贤太守"。

惠谦，三国吴人，官侍中。

惠松，晋代吴人，晋陵太守。

惠编，南朝梁国人，典签。

惠攸，北朝齐国人，京兆郡武公人，青州千乘县令。

惠达，惠攸之子，隋代三乡府鹰扬。

惠静寿，唐代郭子仪统率朔方军将领。

惠鹗，五代晋国濮阳郡校簿吏。

惠直，初名直方，后去"方"名"直"，意在保留"正直"之意，字子温，北宋当涂（今属安徽省）人，崇宁年间进士，历任德化主簿、歙州推官、太常博士。

惠元祐，字吉甫，宋代宜兴人。北宋时，官至文渊阁学士，兼领邓州路。南宋时，宋高宗御赐"扈驾忠贞"，属主战派，闻知岳飞父子被害，悲恸不已，数日不食而卒。

惠迪，惠元祐之子，南宋绍兴年间进士，官至大理士直、国子博士。

惠畴，字叙之，南宋江阴人，嘉定年间进士，任常熟知县时，勉励耕读，提拔贤良，惩办邪恶，将地方治理得很好。他曾经建了一座阁子，丞相曾鲁在匾额上题写"景言"二字，作为对他的旌表。

惠希孟，字秋崖，元代江阴人，博涉群书，奉兄抚弟，笃爱无间。

惠和，明代河南唐县（今河南省唐河县）人，南京校尉，后调延安府，职卫向军。

惠世扬，字抑我，号元儒，明末陕西清涧（今属陕西省榆林市）人，万历年间进士，曾任大理卿、刑部左侍郎。

惠显，惠世扬之弟，原名显扬，字晦我，由步卒积功至延绥副将。

惠登相，号过天星，明末陕西清涧人，农民起义领袖之一。

惠有声，字律（忄心）和，号朴庵，明末吴县（今江苏省苏州市）人，贡生，以九经教授乡里，尤精于《诗经》。

惠周惕，惠有声之子，原名恕，字元龙，号砚溪，康熙三十年（1691年）辛未科进士，授翰林院庶吉士，出任直隶密云知县，致劳瘁卒于官。综谈汉儒之学，著作较多，是清代汉学（经学）吴派的创始人。

惠士奇，惠周惕次子，字天牧，又仲儒，晚年自号半农居士，博通六艺，康熙四十七年（1708年）戊子科乡试第一，次年考中进士，官至翰林编修，著作甚多，后提升侍讲学士，转侍读学士。

惠栋，惠士奇次子，字定宇，号松崖，终身不仕，精于研究汉学，著作等身，深得乾嘉学者推重，是吴派代表人物，曾被誉为"经学巨师"。

新安镇惠氏始祖权公，字宰平，海州郡庠生（秀才，后升为附贡生），祖籍陕西扶风（今陕西省扶风县）。明代中前期，奉母携弟，跟随舅父马国良（任山东诸城知县）到山东诸城。马国良升任海州知州，权公跟随舅父来到海州，弟弟溥公留居诸城。权公知识渊博，州试名列前茅，后从事教育，卜居新安镇。他一边教书育人，一边盖房买地，数年后成为富户。权生文（禀贡生）。文生武（庠生）、园（太学生）、因三子。四世孙拱（禀贡生）。五世孙官（太学生），五世孙满迁居高公岛。六世孙协（岁贡生），13岁考中秀才，成为太学生，乡里称其"小刘晏"（刘晏，幼年才华横溢，唐玄宗称之为"神童"，授官正字）。传至七世，人丁兴旺，分为中门、东门、北门、西门、南门、高公岛六大分支，成为明末清初海州有影响力的一族，是新安镇八大姓（汪、王、陈、赵、周、于、惠、管）之一。清嘉庆十五年（1810年），东门十二世孙德魁（即一魁，庠生）、中门十三世孙维扬（即顺淮，太学生）等筹建了气势雄伟、富丽堂皇的惠氏宗祠，按时举行祭祀先祖的盛典。

根据第三次续修的《惠氏宗谱》统计，始祖至十六世孙，共有从八品（相当于举人副榜的贡生，含附贡生、禀贡生、岁贡生、禀生等）11人，太学生（含监生，明清时国子监俗称太学）49人，庠生（俗称"秀才"）21人（其中，武庠生1人），州同（知州的副职，从六品）1人，登士郎（正九品，无实职散官）3人，从九品9人，还有守御所（清代地方官）1人。

当代，新安镇惠氏人才辈出，功绩卓著，成就辉煌。有品德高尚、为革命做出贡献的惠美珊（浴宇长兄）；有久经沙场，中华人民共和国成立后任苏北行署主任，南京市委书记、市长，江苏省委书记、省长的惠浴宇（原名惠美琬）；有早期加入共产党，在家乡组织暴动抗拒国民党反动派政策、面对敌人酷刑坚贞不屈视死如归的惠厚彭（原名惠美琚，浴宇四弟）；有历经八年艰苦卓绝的抗战，中华人民共和国成立后任湖南省委书记处书记、代理第一书记、内蒙古自治区党委第一书记的周惠（原名惠美珏，浴宇七弟）；有多年浴血奋战，中华人民共和国成立后任常州市公安大队党委书记兼教导员、常州专区武装科科长、南京市革委会副主任的惠永元（离休前副师级）；有多年戎马生涯，任解放军某部团长，转业后在广州市任人武部部长、住宅建设公司党委书记（正厅级）的惠永龙（离休后享受副部级待遇）；有曾任苏州市代市长、江苏省对外贸易局局长的惠廉（惠美珊长女）；有曾任国家原食品药品监督管理局副局长的惠鲁生（周惠长女）；还有浙江省高级人民法院庭长（副厅级）惠铭永（惠浴宇二哥惠美瑁长子），南通市检察长惠永明（又名民），山东省委党校老干部处处长（正处级）惠永洪（又名永红），人民武装警察警卫部队上海警卫局政委（正师级）惠康华，全国三八红旗手惠康英，全国教育先进工作者惠康杰，全国体育教学论文评审委员会组长惠志东，等等。

这次续修《惠氏宗谱》，值得庆幸的是，部分族人顺利入谱。由于诸种原因，部分族人在第三次续修《惠氏宗谱》时未能入谱，这次续修新谱，这部分族人经多方努力，终于如愿以偿，顺利入谱。如西门一桂公、一襄公、一舜（或"顺"）公及顺义公后代，南门顺沄公、顺聚公、顺洲公、顺明公后代。尤其值得庆幸的是，查明始祖权公上溯世系。

1997年8月，河南南阳《惠氏族谱》续修组成员惠全修去北京看望亲属黄火青（最高人民检察院原检察长）的同时，看望了周惠老人，老人最后嘱咐："500年前是一家。小时候听族中老人说，我们祖先是在明朝从山西洪洞县大槐树镇迁来的，也有老人说祖先是在明朝从南阳迁来的，到底是从哪里迁来的，请你回去对你叔父惠琳说，组织人去江苏灌南一趟，把它搞清楚。"不久，南阳《惠氏族谱》续修组制定了"赴江苏灌南考察计划"，特派惠全修、惠国钟二人先至南京拜望惠浴宇夫人顾静老人，持顾静老人致侄女惠新华的书信，先后至灌南新安镇、连云港高公岛考察。六天考察中，查阅了新安镇《惠氏宗谱》《新安镇志》《灌南县地名录》等，访问了一些族人。后来，他们又赴延安等地考察，了解到许多有关资料，同时查阅了大量资料，最后和续修组的族人共同慎重研究，得出较为可信的考察结论。1939年，南阳《惠氏家谱》序言云：明洪武元年（1368年），伯通公奉旨从山西洪洞县大槐树镇迁徙至河南南阳府东唐河县（应为唐州）西北四十五里桐河镇南四平村（今唐河县惠老营村）五股路居住。二世祖整、良山、和公，整、良山二公在此务农，繁衍有子十二人（祖坟现存于惠老营东郊）。和公后裔过去不详，现已查明，"于洪武二十二年（1389年），将和公迁发南京校尉，至永乐元年（1403年），调陕西延安府，职卫向军。后和公隔绝，家产整、良山二祖均分"。和公之子延公中年病故，有二子权公、溥公。权公子孙，繁衍兴旺，事业有成，发扬光大至今。鉴于此，我和永泉叔及康甫、康琦弟四人于2009年11月22日参加在南阳市唐河县桐寨铺镇惠老营村举行的祭祖暨发行族谱庆典，我还在庆典上讲了话，表达了江苏灌南新安镇这大支族人得以归宗，续入南阳《惠氏族谱》，实现族人数百年来梦寐以求的大团圆的由衷喜悦之情，并对南阳《惠氏族谱》续修组族人为查明新安镇惠氏始祖权公上溯世系所做出的巨大努力深表由衷的敬意、谢意。

新安镇惠氏堂号是"耕读堂"，南阳族人的堂号也是"耕读堂"，这也可证明我们远祖是从山西洪洞县大槐树镇迁徙到南阳的。"耕读传家远，诗书继世长。"今逢盛世，国强民富。衷心祝愿我们族人永远兴旺发达，人才济济，牢记祖辈恩德，弘扬祖辈的好思想、好品德，为国为民，不断做出新的更大的贡献。

（惠达康）

海西诗境

- 辛酉除夕述怀

- 新安镇

- 晓发武障河偶成四韵

- 由板浦至新安镇道中书所见

- 夜泊义泽河下

- 夜泊龙沟

- 湖坊泛舟

- 喜曹西园归

辛酉除夕述怀

汤建修

无用文章哪有神,多时屈蠖竟难伸。
风尘何处能容我,伉直平生最忤人。
浊酒葫芦千日醉,寒窗冰雪一年春。
性灵深处须眉淡,道是疏狂又率真。

汤建修(1885—1939年),谱名润略,后易名锐,字建修,早年就读于东海中学,辛亥革命后,发起创办汤沟小学,终身授学,有"活辞源"之称。1939年7月17日,汤曙红被害后,汤建修气愤难平,投万公河自尽。著有《南中游草》《乡居吟稿》《残照西风词》《咏春百律》《红楼梦发微》等。

此诗选自仲原《沭阳诗存》。

新安镇

程　庭

纤月未分明，寒潮暗里生。
岸低喧吠蛤，戍野乱催更。
园柿堪蒸酿，河豚惯斫羹。
转因名触处，撩动故乡情。

　　程庭（1672—1722 年），字且硕，祖籍新安（今安徽省歙县）。因科举失意，转而经营祖传的盐业，商而好儒，喜欢读书，笔耕不辍，著有《若庵集》。

　　此诗选自程庭《若庵集》卷二，作于清康熙三十七年（1698 年）。

晓发武障河偶成四韵

金 翀

不喜远离别,其如关吏何。
鸡声行后少,马语到时多。
略彴才通路,风帆又渡河。
扁舟载儿女,渔父老烟波。

金翀(生卒年不详),字振之,号香泾,一号吟香,仁和(今浙江杭州)籍休宁(今安徽休宁县)人,清乾隆年间附贡生,官板浦盐场大使,著《吟红阁诗钞·卷十一》。

此诗选自《吟红阁诗钞·卷十一》。

由板浦[1]至新安镇道中书所见

汪 沆

练河渡口水三叉,好趁西风荡桨牙。
驿路短长无斥堠,秋声一半在蒹葭。
偶成小集逢挑菜,到处荒塍不著花。
未得南翔随白雁,木芙蓉发苦思家。

汪沆(1704—1784年),字西灏,一字师李,号槐塘,浙江钱塘人。清乾隆十二年(1747年)举博学鸿词,曾纂修《浙江通志》《西湖志》等,著有《湛华轩杂录》《读书日札》《新安纪程》《全闽采风录》《泉亭琐事》《汪氏文献录》《槐堂诗文集》。

此诗选自汪沆《槐塘诗稿》卷三,作于乾隆元年(1736年)。

---

[1] "板浦"原题作"版浦"。

夜泊义泽河下

谢元淮

系缆垂杨宿,新淤与岸平。
水明残月上,船活夜潮生。
秋老鱼龙睡,寒深雁鹜鸣。
萧然心澹泊,风浪莫相惊。

谢元淮(1784—1867年),字钧绪,号默卿,湖北松滋人,清嘉庆二十一年(1816年)任太湖东山巡检,协办海运,后到两淮主持盐务,首创"票盐"制,后升任无锡知县、海洲分公司总办盐务。

谢元淮工诗词、音乐,著有《养默山房诗稿》《碎金词谱》《养默山房散套》《养默山房诗韵》《碎金词韵》《诗韵审音》《云台新志》《钞贯说》等。

此诗选自谢元淮《养默山房诗稿》。

夜泊龙沟

翁心存

前村蟹火露还遮,野外疏星照白沙。
想得高堂夜深坐,此时频起看灯花。

翁心存(1791—1862年),字二铭,号邃庵,江苏常熟人,为海州学正翁咸封之子、翁同龢之父。其幼年聪慧,"知州唐仲冕见心存有异才,奇之,授之学",年轻时时常来往于常熟、海州间。清道光二年(1822年)中进士,改庶吉士,授编修,督广东学政,咸丰元年(1851年)擢工部尚书,官至体仁阁大学士,卒赠太保,入祀贤良祠,谥文端。

此诗选自翁心存《翁心存诗文集(下)》(张剑辑校)。

湖坊泛舟

朱 黼

汪陂千顷净涟漪,不动微风打桨迟。
望远舟行人倒影,临虚沙塌树横枝。
鸥波景物环溪胜,鱼簖生涯傍水宜。
谁向洋洋歌泌水,衡门几处乐餬饥。

朱黼(1729—1822年),字与持,号澄江画翁,江苏江阴人,清乾隆十三年(1748年)拔贡,后屡试不第,出任江苏沭阳县教谕,官至四川芦山县知县。晚年寓居沭阳,工诗词、书画,著有《画亭诗草》。

此诗选自《画亭诗草》刻本。

喜曹西园归

封人祝

忽就莼鲈北海闲,新诗仍欲仰重删。
逢人问遍知佳况,入梦迎来识旧颜。
村讶故都黄叶尽,花怜游子白头还。
幽庭莫怪苍苔满,一自君归日掩关。

封人祝(1807—1885年),名心正,字笔山,号介人,海州张家店人,为海邑迁始祖——封爵的第十四世孙。少年聪慧,考入海州监生,名声远扬,以诗文见长,为大学士阮元所赏识,七十四岁中举。著有《古朐惠泽考》《朐海》,唯《石雁堂诗》及与汪杰合编的《朐海簧序录》存世。

此诗选自《石雁堂诗·二卷》。

注:本章八首诗为武红兵辑注。

编后记

满怀着中国共产党第二十次全国代表大会胜利召开的喜悦之情，紧跟着中共灌南县委、灌南县人民政府奋发务实的工作节奏，致力于地方史志与传统文化的挖掘传承，《印记——灌南文史资料选辑（2022）》顺利出版。

《印记——灌南文史资料选辑（2022）》从年初组织征稿，陆续收到灌南县内外各类文史资料100余篇40余万文字。经过反复筛选、修订、打磨，又请文史和出版方面的专家共同审定，最终定稿，辑成8个部分20万字左右的书稿，整个编纂过程历时八个月之久。

全书所选文稿大多是作者新近的研究成果和新近披露的史料，主要展示了灌南历史发展进程和社会进步变迁中某些亮点和节点，力求体现出地域特色、文化特色、时代特色、人文特色，体现出人民政协文史资料存史、资政、团结、育人的特点和价值。

史笔重千钧，只有触碰到它的时候才有真实的感受。编写这本文史资料，编者有一种历史的沉重感、责任感。为了编好这本文史资料，编纂人员对文中的史料进行了反复的甄别，核查了大量古籍和文献资料，多次走访或电话采访了文稿作者及相关人员和有关专家学者，纠正了原稿中的不少讹误，同时也忍痛割爱删去了许多文学水准较高的篇目，使这本文史资料更趋历史研究的价值。

本书所选内容在体例上尽可能统一，计量单位使用国际标准计量单位，但引用的古籍文献中数字、计量单位等用法保持原貌。书稿中部分文章保留一定的方言口语，意在体现当地的文化特征和历史事件的真实感。

——灌南文史资料选辑（2022）

  本书在出版过程中，得到了灌南县内外文史专家、学者、史志工作爱好者和许多政协委员的鼎力支持。他们有的年事已高且身体抱恙，有的本职工作繁重，有的社会事务缠身，但都欣然接受约请，或亲自执笔撰稿，或灯下辛苦审读，或设法提供信息，给予了我们极大的支持。同时，本书还得到苏州大学出版社编辑的精心审阅，在此我们表示最诚挚的感谢。此外，灌南县委党史办、灌南县史志研究学会人员在本书编写中，不仅提供了丰富的资料，而且自始至终做了大量的审校工作，在此，我们也致以深深的谢意。

  受时间和水平所限，书中定有一些讹误和不足之处，恳请政协委员、文史工作者和社会各界人士批评指正，以便我们今后更好地工作。

本书编委会
2022 年 12 月